湖北省社科基金一般项目（后期资助项目）“湖北省耕地资源安全评价研究”（项目编号：2020028）成果

湖北省耕地资源安全评价研究

彭婵 著

Research on

Cultivated Land Resource

Security Evaluation

in Hubei Province

武汉大学出版社

图书在版编目(CIP)数据

湖北省耕地资源安全评价研究/彭婵著.—武汉:武汉大学出版社,
2021.12
ISBN 978-7-307-22780-4

Ⅰ.湖… Ⅱ.彭… Ⅲ.耕地资源—资源评价—研究—湖北
Ⅳ.F323.211

中国版本图书馆 CIP 数据核字(2021)第 251209 号

责任编辑:林 莉 责任校对:汪欣怡 版式设计:马 佳

出版发行:**武汉大学出版社** (430072 武昌 珞珈山)
(电子邮箱:cbs22@whu.edu.cn 网址:www.wdp.com.cn)
印刷:武汉邮科印务有限公司
开本:720×1000 1/16 印张:9 字数:146 千字 插页:1
版次:2021 年 12 月第 1 版 2021 年 12 月第 1 次印刷
ISBN 978-7-307-22780-4 定价:35.00 元

前　言

　　土地是人类赖以生存、发展和繁衍的宝贵自然资源。我国的经济正在快速发展，对土地资源的需求与日俱增，既要使全国人民的粮食需求得到满足，又要不断发展经济，在这种情况下，人地关系越来越紧张。耕地是土地的重要组分和精华，也是最为重要的农业生产资料，保护耕地资源对于保障国家粮食安全和促进社会经济稳定持续发展具有非常重要的意义。

　　本书紧密围绕习近平总书记提出的"绿水青山就是金山银山""把保障粮食安全放在突出位置"等指导思想展开。国以民为本，民以食为天，土为粮之母。我国是一个农业大国，农业是国民经济的基础，耕地是农业的根本，是粮食安全的载体。耕地保护对生态环境保护具有重要作用，耕地安全关系到国家粮食安全，关系到农民的长远生计。我国之所以反复强调国家粮食安全和耕地安全，就是因为 13 亿多人口(2015 年数据)的吃饭问题，始终是我国一件头等重要的大事，保证国家粮食安全，最根本的是保护耕地资源。

　　《中共中央关于制定国民经济和社会发展第十三个五年规划的建议》要求坚持最严格的耕地保护制度，坚守耕地红线，实施藏粮于地、藏粮于技战略，提高粮食产能，确保谷物基本自给、口粮绝对安全。《中共中央　国务院关于落实发展新理念加快农业现代化实现全面小康目标的若干意见》(《中华人民共和国国务院公报》)中提到：加快形成资源利用高效、生态系统稳定、产地环境良好、产品质量安全的农业发展新格局。

　　但近三十年来，随着经济的飞速发展，人口、资源与环境之间的矛盾不断出现，我国的耕地资源状况发生了显著的变化，导致全国耕地资源安全问题严重，耕地资源的数量、质量、生态都受到影响。湖北省是我国的农业大省之一，也是我国粮食的主要生产地之一，不但要保证满足本区域内人们对粮食的需求，同时还肩负着保障整个国家粮食供给的艰巨任务。目前湖北省在耕地资源安全上仍面临着不少压力，如人均耕地资源偏少、耕地污染日趋严重、耕地质量下降、可耕地不断减少、耕地食物保障能力不足、水土流失加剧等。随着人口数量的增加，经济水平的提高，湖北省耕地的承载压力日益沉重，耕地保护压力巨大，人地关系亟待改善。

　　本书从湖北省耕地资源安全的概念和理论基础入手，运用耗散结构理论、系统动力学理论、协调发展理论和区域科学与区域分析理论，选取耕地资源数量-质量-生态模型，从耕地资源的数量、质量以及生态三个方面构建了耕地资源安全的评价体系。本书采用 BP 神经网络法分别从耕地数量、质量、生态三个方面评价了湖北省的耕地资源安全状况，揭示了湖北省 17 个市州耕地资源数量安全、质量安全、生态安全区域分布规律，并运用协调发展理论和信息熵法分析了湖北省耕地资源数量安全、质量安全、生态安全三个子系统的协调度和协调发展度。

　　本书是在博士论文的基础上修改而成的，共耗时三年多的时间。2020 年 11 月，本书获批 2020 年湖北省社科基金一般项目(后期资助项目)立项，并得到湖北省社科基金的后期资助。

目　　录

1 绪 论

1.1 研究背景和意义

1.1.1 研究背景

耕地资源安全与全国亿万农民的生产生活息息相关。它是农村生产关系的基础，亦是"三农"问题的核心，始终是我国高度关注和头等重要的大事。同时，耕地资源安全不仅关系到国家的粮食安全，也关系到国家的经济安全和社会安全，对国民经济和农业的可持续发展起着重要作用。[1~3]目前，耕地资源安全已经受到国家的高度重视，政府出台了多项政策和文件支持耕地资源的健康和谐发展。

近三十年来，随着国家的发展，经济飞速前进，人口、资源与环境之间的矛盾越来越突出，耕地资源安全问题日渐严重，这主要表现在：耕地资源状况发生了很大的变化，耕地数量波动不定，耕地安全日渐恶化，且有加剧的趋势。[4~5]与此同时，耕地资源对粮食安全的保障能力也受到了影响。因此，耕地资源安全问题变得越来越显著，主要表现有：

(1)人均耕地面积减少。近年来，由于经济的快速发展，城镇化、工业化水平也随之不断提高，大量的耕地被占用，非农用地所占的比例越来越高，再加上农业结构调整、生态退耕和自然灾害损毁等因素的影响，人均耕地面积不断减少。[6~8]2005 年年末，全国耕地面积约 130 万平方千米，约占国土面积的13.54%，人口约 13.08 亿，人均耕地面积约 0.0009939 平方千米，约 1.49 亩。2015 年年末，全国人口达到 13.74 亿，耕地面积约 135 万平方千米，约占国土面积的 14.06%，人均耕地面积约 0.0009825 平方千米，约 1.47 亩，与 2005 年年末相比减少了 0.02 亩。

（2）耕地质量持续下降。主要原因有：农药化肥的过量使用和工业废水废物、固体废弃物的大量排放，[9] 城市化进程中更多的优质耕地被占用。2005 年年末，全国化肥施用量约 4766.2 万吨，2015 年年末达到 6022.6 万吨，相比 2005 年年末增加了 26%，呈上涨趋势。2005 年年末，全国废水排放量约 5245089 万吨，2015 年年末约 7353226 万吨，相比 2005 年增加了约 40%，呈上涨趋势。

（3）耕地生态环境不断恶化。由于受到大规模的砍伐森林、围湖造田的影响，耕地的生态环境遭到了严重的破坏，具体表现为：绿化逐渐减少，土地破坏、水土流失和土地的荒漠化现象严重，水面锐减，下垫面逐渐趋于"旱化"。针对这些现象，特别是水土流失和土地荒漠化的现象，国家近年来投入了大量的人力、物力和资金进行治理，虽然取得了一定的成效，但当前耕地生态环境恶化的现象并没有得到完全改善，水土流失和土地荒漠化程度还是较为严重。2015 年年末全国水土流失面积的 367 万平方千米，比国土面积的三分之一还多。[10~11] 此外，工业三废和民用废水、固体废弃物的过度排放也导致生态环境遭到破坏，进而影响到耕地资源生态安全。

（4）耕地资源状况的恶化对粮食安全构成一定威胁。这主要表现为两个方面：耕地遭受污染直接影响到粮食的产量，从而影响粮食的供应；耕地的生态环境受到污染与破坏，对粮食的质量安全造成威胁，近年来，有害物质在粮食中的含量逐年增高恰恰说明了这一点。随着人口的不断增长与经济的快速发展，在农产品的数量方面，人们的需求与日俱增，在农产品的质量方面，人们的要求日益严格。[12~14]

由此可以看出，耕地资源安全状况不容乐观，如不及时治理，后果极其严重。因此，只有坚持以可持续发展的理念来保护和利用耕地资源，才能为农业的可持续发展奠定基础，为国家的粮食安全提供保障。耕地保护是我国耕地管理中的一项长期的、艰巨的、重要的任务。因此，我们需要加强关于耕地资源安全的研究，对耕地资源安全状况进行科学评价，并且探讨区域耕地资源安全的变化趋势，进而提出详细的耕地保护保障措施和对策。[15~17]

湖北省是农业大省，是我国的粮食主产区之一，农业生产资源优越，农产品种类丰富多样，产量较大，不仅要满足本区域内人们的粮食需求，还要保障整个国家的粮食供给。目前，在耕地资源安全上湖北省仍面临着不少压力，如人均耕地资源偏少、耕地污染日趋严重、耕地质量下降、可耕地不断减少、耕地食物保障能力不足、水土流失加剧等。由于经济的快速发展和人口的快速增长，人们对耕地的需求与日俱增，这使得湖北省耕地所承受的压力越来越大，人地矛盾越来越突出，人地关系急需改善。[18~19]因此，不管是理论上，还是实践上都迫切需要系统地对湖北省耕地资源安全进行研究。

湖北省耕地资源在数量、质量和生态环境等方面的变化都成为了学者的研究对象。[20]他们有的研究耕地与人口发展的关系，如人口的增长与耕地数量变化的关系；有的研究耕地保护与国家粮食安全之间的关系；有的研究环境污染与耕地健康的关系；有的研究耕地占用与经济发展的关系。这些学者以对耕地资源安全造成影响的各个因素为出发点，对耕地资源的安全状况进行了分析和研究。但是这些研究未能形成完整的体系，且研究不够全面，尤其是对湖北省耕地资源安全系统的研究还不够详细彻底。

因此，全面地、系统地评价湖北省耕地资源安全状况十分必要。

1.1.2 研究意义

我国是一个农业大国，农业是国民经济的基础，是"三农"问题的组成部分。"三农"问题不仅受到国家的重视与关注，也成为广大农民热切关注的话题。耕地是农业的基础和根本，也是"三农"问题的基础和核心所在；耕地作为农村生产关系的基础，不仅与农民的生产和生活密不可分，也与中国亿万农民的切身利益息息相关，其安全状况不但会对我国的经济发展造成直接影响，还会对实现国家富强、构建和谐社会产生重要影响。此外，保护耕地资源对于维护社会的稳定，具有重要的作用，耕地资源不仅为农村人口提供了主要的生活来源和保障，也为城市居民提供了日常生产和生活资料的主要来源。因此，耕地资源安全不仅关系到粮食安全，也关系到经济的发展与社会的稳定。[2,6]

研究区域的耕地资源安全状况，首先对国家制定相应的耕地保护政策，以及国家耕地保护政策的具体落实，具有非常重要的指导意义；其次，为促进区域耕地资源的可持续利用和可持续发展，提供了理论依据和现实参考。最后，有利于明确在耕地的保护过程中，目前面临的急需解决和存在的问题，对于我们认识当前耕地资源安全状况，改善耕地资源安全具有重要的现实参考意义。[21~22]

选择湖北省的耕地资源安全进行研究，有助于我们充分认识湖北省的耕地资源安全状况，了解目前湖北省的耕地资源所面临的问题，从而为我们制定出相应的解决措施提供参考和依据。这不仅对湖北省社会经济的可持续发展与区域人地关系的协调，起着非常重要的作用，同时也对实现区域耕地资源动态平衡和保障区域生态安全至关重要。[23~24]其不但为区域耕地的调控、耕地的可持续利用以及耕地资源的动态平衡提供了理论指导和现实参考，还为湖北省耕地资源的合理利用与保护，提供了必要的科学依据，对实现区域耕地资源安全、保障区域经济的可持续发展、保障粮食的安全，有着非常重要的现实指导意义。

本书以湖北省耕地资源安全作为研究和分析的对象，从耕地资源安全的基本概念与特征、内涵、特性、理论基础以及安全评价体系等方面进行研究。研究意义主要体现在以下六个方面：

(1)将耕地资源安全与土地资源安全分开研究，对耕地这种具有特殊意义的土地利用类型和重要地类的安全问题进行了专门且深入的研究，[25]并对耕地资源数量安全、耕地资源质量安全、耕地资源生态安全的概念进行了准确界定，同时构建了评价耕地资源安全的指标体系。

(2)通过构建全面有效的耕地资源安全评价体系，对湖北省的耕地资源安全进行了评价，不仅为区域耕地资源的动态平衡和调控提供了现实参考与理论指导，同时也为耕地的可持续利用提供了一定的评价依据。[26~27]首先，本书从耕地资源安全分析的角度，围绕耕地资源数量、质量、生态三个方面，根据耗散结构理论、系统动力学理论和协调发展理论，进行了详细的分析研究，从而构建了评价湖北省耕地资源安全系统的指标模型。[28]其次本书采用 BP 神经网络法对耕地资源的数量安全、质量安全、生态安全进行了评价，对湖北省 17 个市州耕地资源安全的区域分布规律进行了进一步分析，并对湖北省耕地资源安全系统进行了综合评价研究。再次，以湖北省耕地资源安全为出发点和研究对象，本书科学地分析了湖北省耕地资源的安全程度和系统协调发展水平。最后，本书对湖北省耕地资源安全状况进行了定量化研究和趋势分析，为区域耕地资源安全的系统化研究提供了一种新的研究思路及方法。

(3)有利于保障湖北省粮食安全。粮食来源于耕地，湖北省是一个农业大省，作为全国不可缺少的粮食基地，湖北省的粮食安全对区域及国家的粮食安全具有非常重要的影响。粮食作为人们生活的必需品，其安全至关重要。目前，粮食安全问题是一个世界性问题，在粮食安全问题日益凸显的同时，耕地面临的压力也在不断地增大。对区域的耕地资源安全进行评价研究，不但有利于挖潜出耕地的潜力，还有助于提高耕地的产出能力，提高粮食产量，从而为粮食安全提供保障。同时，这对发展我国区域性粮食生产，保障区域粮食供给以及维护国家粮食安全具有重要的意义。[29]

(4)有利于保护湖北省生态环境。区域生态环境的好坏程度与耕地资源的生态安全紧密相连，耕地资源的生态安全会影响到生态环境，两者相辅相成，息息相关。如果只追求耕地的数量，过度开荒、填湖，就会造成森林减少、湿地减少、湖泊减少等现象发生，就会导致水土流失、气候变化等问题。同时，农民为了提高耕地的粮食产出量，不得不使用大量的化肥、农药、塑料薄膜等。而这些农用化学品的大量使用，又会使多余的农用化学品残留于土壤中，导致耕地质量下降，污染环境，威胁耕地资源生态安全，同时也会对区域生态环境造成负面的影响。一些工业污染，如工业废水、固体废弃物等，不仅会对耕地资源安全造成影响，也会对生态环境造成严重影响。因此，研究区域耕地资源生态安全对保护区域生态环境具有非常重要的意义。[30]

(5)有利于促进湖北省社会经济的可持续发展。湖北省作为我国的农业大省，政府一直高度重视农业生产。耕地资源是农业生产中的重要要素，是农业的根本，为农业提供基础保障，在区域社会经济发展中具有无可替代的作用。保障耕地资源安全对社会经济发展起着促进作用。因此，在促进社会经济发展的同时，不能不考虑耕地资源的安全，需要合理地利用耕地资源，保障耕地资源时刻处于安全的状态。[31~32]

(6)为其他地区的耕地资源安全研究提供了借鉴和参考。本书的研究不仅可以为耕地的可持续和高效利用提供现实指导，也可以为研究区域耕地的动态平衡与区域调控提供理论参考。

1.2 国内外研究综述

1.2.1 国内研究综述

国内对耕地资源安全并没有进行广泛的研究，很多研究都只是针对耕地的某一方面。在对耕地资源安全的概念界定上，学术界目前也还没有统一明确的界定。此外，大多数学者研究的都是关于整个土地资源及其安全问题，专门进行耕地资源研究的并不多。而要对耕地资源安全进行研究，就必须从资源安全和土地资源安全这二者入手。

1. 资源安全

早在 20 世纪 90 年代，资源安全就已经作为一个学术名词在国内出现。[34]当时，已经有不少学者对资源安全进行研究。而在资源安全概念出现之前，与之有关的一些概念已经被国内外学者广泛运用，如：能源安全、生态安全、水安全、环境安全、土地安全、石油安全等。[35~36]

关于资源安全的定义，国内还没有统一的界定，目前主要分为以下两种观点：第一种是从资源安全本身出发来对其进行定义，如王逸舟(1999)将其定义为生态环境与自然资源基础这两者都处于良好的状态，都没有遭到严重破坏，或者遭到了一些破坏，但并不是很严重，还可以逐渐恢复到之前的良好状态。这一定义主要体现的是资源自身的安全状态较好，以资源安全基础为主。因为其涉及生态环境与自然资源两个方面，因此也有人把资源安全的概念作为生态安全或环境安全的概念。第二种不是从资源安全本身出发，而是从自然资源对社会经济发展的影响程度出发来对其进行定义，如谷树忠将其定义为：资源安全是指一个国家或者地区能够持续、及时、足量、稳定和经济地获取其所需的自然资源的能力或状态。

2. 土地资源安全

资源安全的涵盖面广泛，土地资源安全是资源安全的一部分。作为资源安全研究的一个分支，土地资源安全研究是在进入 21 世纪以后才逐步发展起来的。土地资源安全的研究比石油资源等能源资源安全的研究起步晚。目前，土地资源安全还没有一个统一、明确的定义。[37]徐保根对其的定义是：土地资源安全是指在人类的各种活动中，比如在对土地资源进行开发利用时，能够抵御各种因素（如自然、经济和社会等方面的因素）造成的干扰和威胁，当事故发生时具有抵抗事故发生的能力，不至于让土地资源遭到破坏。吴次芳将其定义为：土地资源安全是指一个国家或者一个地区可以持续地从土地上获取土地资源的状态和能力，并且该状态和能力不但能够为人类高质量的生活提供保障，同时也能为人类健康和高效能的生产提供保障。徐保根(2004)认为土地资源安全本质上反映的是土地资源能够保障人类的安全生产生活、生存以及社会经济发展的一种支撑能力，它包括土地资源的社会安全、经济安全、生态安全三个方面的内涵。从以上的论述中可以看出，在对土地资源安全概念的定义和认识上，不同的学者之间还存在着不小的差别。

在土地资源安全研究中，土地资源安全评价是非常重要且必不可少的一个部分，国内许多学者都对此展开了研究。毛良祥(2004)以江苏省金坛区为例，以该市的土地资源为研究对象，分别从区内保障度以及区外保障度两个方面构建了相应的评价指标体系，并对江苏省金坛区的土地资源安全状况进行了评价和实证分析。郭凤芝(2004)以土地资源安全的背景为出发点，先是对土地资源安全的基本内涵和特征进行分析，然后对影响土地资源安全的主要因素进行了分析，最后根据分析结果以及土地资源与人口、社会、经济和环境之间的关系，选取相应的适合土地资源安全的指标，建立了土地资源安全的评价体系，并根据所构建的指标体系对土地资源安全进行了评价，计算出土地资源的安全指数，并将土地资源安全指数进一步划分为四个指数：土地资源数量安全指数、土地资源质量安全指数、土地资源承载力指数和土地资源保障程度指数。对于土地资源安全的评价和研究，国内还处于起步阶段，一是客观性较为缺乏，没有完全成熟与完整的评价理论基础，评价方法也比较单一，评价的指标体系还不够全面。二是关于土地资源安全问题，实证研究较少，理论分析较多。三是对于不同尺度的土地资源安全问题，缺乏系统深入的研究。[38]刘一苏和刘喜广(2006)为了评价土地的可持续利用状况，选取了 30 个指标，分别从自然、环境、社会经济三个因素出发，以耗散结构理论为理论依据，评价了土地的可持续利用状况。杨琳和何芳(2007)运用耗散结构理论对城市边缘区的土地利用进行了深入的研究，其研究结果不仅为城市土地的利用提供了参考，也为土地的弹性管理提供了理论依据。

3. 耕地资源安全

资源安全的研究面比较广，耕地资源安全作为它的一个组成部分，研究起步相对较晚。对于耕地资源安全，目前学术界还没有一个完整的、明确的概念。[39] 赵其国等(2002)提出耕地资源安全主要包括三个方面：耕地产出的食物供给安全、耕地资源系统自身的安全以及耕地资源利用的生态环境效应安全。耕地产出的食物供给安全主要是从人口承载力这个角度对耕地资源安全进行研究；耕地资源系统自身的安全主要是从耕地资源数量、耕地资源质量这两个方面的变化对其系统本身产生的影响和作用来对其进行研究；耕地资源利用的生态环境效应安全是对耕地资源开发过程中造成的环境方面的有害负效应进行研究，如水土流失、土壤污染等。陈百明等(2005)以粮食自给率为研究的出发点，从该角度对中国耕地资源安全的底线进行了详细的探讨和研究。李植斌等(2005)为了对浙江省的耕地资源安全程度进行研究和评价，把耕地资源的人口承载力作为研究的出发点，对耕地资源安全程度进行了研究。王枫将耕地资源安全定义为：耕地资源能够使社会经济得到快速稳定的发展，能保障生态环境良好，没有遭受破坏，能使人民基本生活所需的生产资料得到满足，并能稳定、持续、健康发展的状态。朱洪波(2008)认为耕地资源安全是在耕地保护这个概念的基础上进行的扩展和延伸，并不是一个全新的概念。高明杰对耕地资源安全的定义为：耕地资源安全是指一个国家或一个地区在一定的时期内，其全部耕地资源能够及时、稳定、健康和持续地满足社会经济的发展和人民物质生活需要的粮食等资源的能力以及保障供给的状态。

4. 耕地资源安全评价

国内许多学者都将耕地资源安全评价作为研究的热点内容，主要从评价指标体系和评价方法对耕地资源安全进行研究。在这些研究成果中，华中农业大学博士朱洪波的研究成果比较详细和全面。[40] 他在著作《中国耕地资源安全研究》中，从耕地资源数量、质量和生态三个方面构建了中国耕地资源安全的评价体系，对中国耕地资源的安全状况进行了评价，并对中国耕地资源安全的时空差异和变化规律进行了分析。在2008年的土地学术研讨会上，他认真分析了中国耕地资源的质量状况，并对中国耕地资源质量存在的问题提出了相应的解决措施。例如：提出可以通过退耕等措施对耕地进行整理；针对目前的耕地资源质量安全状况，以及耕地资源质量存在的问题，提出建立相应的保障体系以及保障耕地资源质量安全的相关措施。通过这些保障措施的实施，可使我国的耕地资源质量处于安全的状态，并使耕地资源的质量和安全程度不断得到提高。朱红波在《论我国耕地资源安全保障体系的构建》中，从保障内容、保障目标、保障主体、保障模式以及支撑体系五个方面深入研究和探讨了我国的耕地资源安全保障体系以及如何构建相应的保障体系。

近年来一些学者也对耕地资源安全进行了相关研究。陈百明和宋伟对中国2007年的耕地安全状况进行了分析，其研究结论是：中国的耕地资源安全状况总体上是东部的安全程度较高、西部的安全程度较低，而且这种趋势越来越显著。为了研究内蒙古所辖的12个盟市的耕地资源安全状况，郝军在全面分析了自然禀赋、人口和社会等因素后，构建了相应的耕地资源安全评价指标体系，并对其进行了评价和系统的定量分析。文森等学者在查阅耕地资源相关文献的基础上，对耕地资源的内涵进行了概括总结，并对耕地的主要功能进行了详细的分析，以此作为研究的出发点，对构建区域耕地安全评价指标体系进行了深入的探讨。杜转萍等学者运用PSR(压力-状态-响应)模型，对耕地资源安全的评价指标体系进行了构建，并确定了PSR模型中各因素对耕地资源安全的影响程度，评价了耕地资源的安全状况，并分析了耕地资源所处的状态和所面临的压力，呼吁人们关注并重视耕地资源安全。陈光荣围绕耕地资源数量、耕地资源质量和耕地资源生态三个方面对评价耕地资源安全的指标体系进行了构建，根据构建的指标体系对耕地资源的三个方面进行了评价，并根据评价结果提出了相应的制度保障措施。何国松等学者以湖北省的耕地资源作为研究对象，围绕耕地资源数量、质量和生态三个方面构建了耕地资源安全的信息熵量化模型，以2001—2007年为研究的时间段，对湖北省耕地安全系统的演化状况进行了评价和分析。姜群踏等学者为了研究中国2000—2020年耕地用途转移对耕地生产力的影响，运用ESLP

和 DLS 模型对其进行了分析和评价，根据评价结果，找出了影响耕地生产力变化的主要因素并对其进行了提炼。为了对湖北省 1995—2005 年耕地质量的动态变化进行研究，陈朝在对耕地资源质量的内涵进行综合界定的基础上，对耕地资源质量变化的评价指标体系和评估模型进行了构建。汤进华以湖北省 1978—2008 年粮食产量变化和耕地面积的数据为基础，对湖北省的最小人均耕地面积和耕地压力指数的变化特点进行了详细的分析，通过分析结果，找出了湖北省粮食生产和耕地资源的特征。

连臣(2013)为了研究黑龙江省的耕地资源安全，构建了黑龙江耕地资源预警体系，并采用 BP 人工神经网络技术和灰色系统 GM(1，1)模型对该研究区域 2013—2017 年耕地资源安全值进行了预警；[41]李雪(2013)从影响陕西省耕地资源变化的因素及其驱动方面入手，采用 SPSS 软件，对陕西省耕地资源安全进行了预警研究。为了对陕西省耕地资源进行预警监测，又从区域粮食安全的角度出发，构建了相应的预警指标体系，利用相关的计量模型和统计分析理论对陕西省耕地资源进行预警监测，并在此基础上，针对陕西省耕地资源安全提出了相应的保障措施；[42]胡源(2014)在综合"资源-经济-环境-社会"因素的基础上，建立了评价武汉市耕地资源安全的指标体系，并且采用突变级数法对武汉市 2000—2011 年耕地资源安全进行了评价研究；[43]葛夕羽(2014)在对陕西省耕地资源数量、质量状况进行分析和研究的基础上，构建了 PSR 模型，首先运用 AHP 和级差标准化法算出陕西省及各市(区)耕地资源生态安全综合值，然后对陕西省 2003—2012 年及各市(区)2012 年耕地资源生态安全状况进行了分析和评价，并根据评价结果，找出了陕西省耕地资源生态安全中存在的问题，最后针对具体问题提出了相应的建议和保障措施；[44]马晓燕(2014)围绕耕地资源数量、质量、生态三个方面，构建了评价陇川县耕地资源安全的指标体系，通过以行业标准或区域背景为基准确定了相应指标的安全阈值，并且运用综合指数法计算出耕地资源的综合安全得分。根据一定的划分标准，她将综合安全值划分出安全程度等级，对陇川县的耕地资源安全进行了评价研究。[45]

目前一些学者采用耗散结构理论对耕地资源安全评价体系进行研究。自改革开放以来，耗散结构理论逐渐成为新型的交叉学科内容，在各类研究中得到广泛应用(郭显光，1998)。荀文会等(2007)将耗散结构理论应用到耕地资源研究中，利用该理论深入分析了耕地资源状况，并根据分析结果，针对耕地资源存在的问题，提出了相应的利用和保护耕地资源的对策措施。史培军等(2008)以耗散结构理论和区域科学与区域分析理论为基础，根据江苏省的地域特点，选取相应的指标，构建了江苏省耕地安全系统演化分析的指标体系，建立了评估其演化分析的量化模型，并运用信息熵法对江苏省 1998—2004 年耕地安全系统的演化状况进行了纵向评价。[46~47]研究结果表明：把耗散结构理论和区域科学与区域分析理论运用到耕地安全系统的研究中，评价出的江苏省耕地安全系统的健康状况是较为准确和合理的。在关于湿地生态系统的研究中，马建祖等(2009)学者运用熵原理和耗散结构理论，提出了一些保护湿地生态系统的建议。曹连海等(2010)为了研究黄土丘陵区耕地的利用变化，引入信息熵，以耗散结构理论为基础，构建了耕地利用变化的熵流模型，并建立了评价耕地利用变化的指标体系，研究结果表明，黄土丘陵区耕地利用变化的稳定性和有序性在不断提高。梁辰(2010)以耗散结构理论为基础，将该理论运用到耕地集约利用研究中，根据影响耕地集约利用的各个因素，建立了耕地集约利用的评价指标体系。为了分析耕地资源系统的现状，他还构建了熵流模型，并运用灰色预测模型对耕地资源系统未来的发展状况进行了预测。梁辰等(2010)以兰州市下属的三县为研究区，对影响耕地资源系统总熵变的各因素及其影响权重，应用灰色关联度分析法和改进的熵值法进行了确定。他还应用耗散结构原理建立了相应的熵流模型，对耕地资源系统熵值变化状况进行了分析和评价，评价结果表明：通过将应用耗散结构理论建立的熵流模型运用到耕地资源系统的集约利用研究中，评价出的耕地资源系统的集约利用状况是较为合理且准确的，我们可以根据评价结果，对人类的行为进行合理地调整，采取有效的措施来达到耕地资源系统集约利用的目的。瓦哈甫·哈力克等(2010)以且末县为研究区，运用熵值原理和耗散结构理论，根据影响耕地资源系统生产能力的各因子建立了相应的评价指标体系，通过运用信息熵法，计算出熵增、熵减和总熵值的结果以及变化趋势，对且末县耕地资源系统生产能力进行了评价，并对且末县耕地资源系统生产能力的演化状况进行了分析。

5. 耕地资源安全保障措施

国内学者对耕地保护的研究持续不断，关于耕地保护方面的成果也有很多。

1982—2015 年，中国期刊网收录了大量关于耕地保护的论文和著作，据不完全统计，达到了 750 篇之多。① 这些论著从不同的角度，分析和探讨了中国的耕地保护。有些论著对耕地保护的行为主体和耕地保护的目标进行了分析；有些论著对耕地保护政策的效果进行了评价；有些论著对耕地保护的政策作出了相应的补充和解释；有些论著借鉴了其他国家的耕地保护经验，并将其运用到中国耕地保护政策上，提出了相关建议；有些论著对现行耕地保护政策存在的问题进行了严厉的批判等。[22,30]

尽管关于耕地安全研究的论著颇多，但这些论著的研究并不是很全面，仍然存在一些不足之处。一是在对耕地保护的认识上，不是很全面，仍存在一些偏差，有学者认为耕地保护只是单一地保障耕地的数量，没有意识到耕地是一个复杂的巨系统，更没有涉及耕地所在的社会经济环境。二是国家的政策法规对耕地保护的影响非常大，这在一定程度上对研究内容形成了限制和约束，在这种情况下，要想在耕地保护方面提出具有拓展性和创新性的新思路是很困难的。三是虽然国家和政府对耕地质量和生态环境保护越来越重视，但"保护"大多只是停留在政策上和理论分析阶段，并没有真正地付诸实践，具体可行的保护措施仍有待提出。

近几年来国内对耕地资源安全保护进行的研究主要有：常建峰(2012)基于粮食安全来研究江西省耕地资源保护问题。沈延维(2015)以沂源县为例研究耕地资源变化及保护对策。陈锦坪(2015)以河北省为例，首先从不同的研究尺度出发，对基于不同层次的耕地安全评价与保护体系进行研究，分别从河北省整体和分县两个层次对耕地资源安全程度进行分级，然后选取昌黎县作为典型县进行分析，最后，构建耕地保护体系，并提出相应的保护措施。俞萌怡(2015)对安徽省耕地资源进行现状分析与对策研究，采取理论与实践相结合的方式，从耕地资源的数量、质量、利用程度三个方面分析，根据存在的问题，从可持续发展角度提出具有建设意义的对策。

耕地资源的安全问题已引起政府的重视，受到众多学者的关注。但耕地资源安全作为一个相对较新的概念，其研究是一个系统且庞大的工程，学界目前的研究时间较短，与其相关的理论体系和研究方法还有待更深一步的探讨、研究和完

---

① 数据来源：笔者根据中国期刊网查询整理得出。

善。综上所述，目前关于耕地资源安全的研究主要存在以下几个方面的问题：

(1)在耕地资源安全概念和内涵的界定上，目前研究者均是从土地资源安全的概念出发结合个人的理解引申出相关概念。虽然观点众多，但没有赋予耕地资源安全新的内涵，本质上仍未脱离土地资源安全的内涵。

(2)在评价指标体系的构建上，目前尚无一个统一的认可标准。学者们从不同的角度构建了指标体系，目前主要有社会-经济-自然、数量-质量-生态、状态-压力-响应等体系，在这些体系选取的指标中，学者们对于究竟哪些指标能够真实客观地反映耕地资源的安全状况，观点不一。

(3)在评价方法上，目前较为成熟的有综合指数法、模糊综合评价法、灰色关联法、极差标准化法、层次分析法、熵值法或多因素综合评价法。由于采用的评价方法不同，安全阈值的确定也没有统一的标准，由此得到的结果各不相同，同时依据结果确定安全程度的标准也不统一。实际上，确定安全等级标准是一项具有探索性的研究。

(4)在不同时期和不同阶段，由于影响耕地资源安全的因素是有差异的，是不断变化的，因此在建立评价耕地资源安全的指标体系时，要考虑到这种差异。因为评价体系是不断变化的，所以耕地资源安全在未来一段时间内的变化趋势和实时安全状况主要通过精确且及时地模拟耕地动态变化的过程来获得。

(5)在研究范围上，目前研究主要侧重于大尺度的国家或省际层面，对市级的中尺度和县级的小尺度研究不够，且多是纵向研究；在研究对象上，目前研究多集中于对数量安全、质量安全或生态安全的单因子研究，综合性不强，需进行多尺度的研究和多因子的综合研究。

(6)在政策和法规上，目前的研究与耕地保护战略、对策联系不够紧密。因此，需要在耕地保护的体系构建和对策研究上进一步深入，提高政策的可实施性，以达到耕地保护的理想效果。

1.2.2 国外研究综述

1. 国外对耕地资源安全的认识

国外关于耕地资源安全并没有明确的定义，研究者多从可持续发展角度出发，对土地资源安全进行研究，强调水、土等自然资源的安全性。在国外相关研究中，研究地域差异性较大，研究方向具有多样性，涉及耕地资源安全方面的研究并不多。由于各国社会背景不同，经济发展水平等方面存在差异，因此，影响耕地资源安全的因素也存在差异，国外对耕地资源安全关注的侧重点也不一样。相对于国内的研究，国外对耕地资源安全的关注重点主要在于耕地资源保护方面，侧重于研究耕地的变化对社会经济发展及生态环境造成的影响。在耕地资源保护方面，国外研究主要强调制定相关的法律和土地利用规划。

英国有些学者认为，政府应根据不同的土地潜力分级制定出不同的耕地保护政策，并监督这些政策的实施。为了获得最大化的土地利用整体效益，不管是城市土地，还是农村土地，都应该严格按照国家土地利用规划对土地进行合理利用。朱奉奎对韩国的农业用地和工业用地进行了比较分析，分析结果是：只有个人利益和社会利益相背离，政府才会对耕地的变更和再分配进行干预。Tonmmy对印度尼西亚经济繁荣的城市地区与经济落后的农村地区的土地流转问题进行了比较分析，其研究指出土地投机行为的大量发生和越来越多的农村土地转化为城市用地，是经济的迅速增长和城市化的快速发展引起的，在经济发展的缓慢时期，城市土地被大量闲置，土地浪费的现象非常严重。[22]

从世界范围来看，粮食安全问题已经作为一个重要的普遍性问题，被各国政府提到了议事日程上，但耕地资源安全问题并没有被提到议事日程上，原因可能是土地安全问题属于一个国家的内部事务，并不在全世界共同讨论的范围之内。但是，英国、美国等一些发达国家的政府对耕地流失的问题却非常重视。与此同时，这些国家的政府还制定了许多防止耕地资源过度转化为城市用地的措施，目的是保护本国的耕地资源。[30,38]

北美和欧洲的耕地非农化现象并不严重，还没有对粮食安全构成威胁，阻碍经济的发展。因此北美和欧洲的大部分学者对耕地资源安全的研究角度多为耕地变化对环境的影响和对土地生态景观的保护。他们的研究主要是探索土地宏观调控政策和土地利用行为对耕地资源的数量、质量和生态景观的影响。美国地域辽阔，人口数量不多，所以人地矛盾不突出。美国学者 Sweeten 为了找出耕地流失的原因，以美国州级 1949—1992 年的土地普查数据为基础，模拟了耕地数量的变化，通过研究分析，他发现在耕地的非农化中，农业因素起到了主要作用，耕地流失的主要原因是农业经济活力缺乏。Skolow以美国加州萨克拉曼多地区为研究对象，对城市化进程中的耕地产权流转与农业生产发展的关系进行了研究，研究结果显示，耕地转变为非农用地，在很大程度上，受耕地保护政策的影响，土地集约利用在大城市的不断扩张下能够得到提高。英国的Tulloch D L等运用GIS技术动态模拟了Hunterdon县耕地数量的变化过程，分析了耕地保护存在的问题，并就耕地保护提出了相应的措施。Krukowski和Wasilewsik（2002）为了研究耕地非农化的影响因素，以波兰华沙为研究区域，以其周边地区的耕地转化为住宅用地的情况作为例子开展研究，研究结果指出：由于农业生产所获得的利润不断减少，为了增加收入，地方政府增加了对非农化的支持以及推动了非农化决策权力的不断地方化，从而导致耕地非农化进一步加深。

亚洲因为面临较大的人口压力，人地关系紧张。为了满足生存的需要，大多数的国家都存在不合理的开垦和利用土地资源现象，因此大多存在耕地非农化、农业生产率下降、粮食进口增加和耕地生态环境恶化等现象，一定程度上影响了整个国家的经济安全和社会安全，故而保护耕地资源、维护粮食安全成为了很多国家关注和研究的重要课题。[48]

此外，拉丁美洲和非洲的一些国家，大多处于贫穷状态，政府的首要目标不是农业生产，而是大力发展经济，对耕地资源安全的关注度相对较低。

国外关于耕地资源安全的可持续发展观理论，主要有以下四种：（1）生态观的可持续发展。该观点认为，为使人类实现可持续发展的目标，我们应该对生态环境进行保护，并通过对环境系统的更新能力与生产能力不断进行加强，使环境系统保持自身的完整性，以达到一种最佳的生态系统状态（可持续发展问题专题研讨会、IUBS，1991；Forman RTT，1990）。（2）社会观的可持续发展。此观点主要以人类社会的可持续发展为重点，把创造一个适合人类生存和生活的美好环境作为可持续发展社会观的终极目标和最终落脚点，提出在实现这个目标的过程中，要不断地提高人们的生活水平，注重对人类生活质量的改善（Brown L R，1981）。（3）经济观的可持续发展。此观点指出，促进和实现经济的发展是可持续发展经济观的最终目标，但前提条件是不能降低和破坏自然资源的功能。（4）技术观的可持续发展。该观点认为，为了降低经济发展对环境造成的污染和对资源的浪费消耗，我们可以通过不断提高技术和工艺的效率，达到实现人类社会可持续生存与可持续发展的目的(Healy S A,1995)。[40]

2. 国外对中国耕地资源安全问题的研究

美国世界观察研究所所长 Lester R. Brown 博士在 *Outlook Section*, *Washington Post* 与 *World Watch* 上发表了两篇文章,其中一篇文章的题目为 *How Could China Starve the World: Its Boom is Consuming Global Food Supplies*,另一篇文章的题目为 *Who Will Feed China?*,紧接着,Lester R. Brown 博士又出版了一本专著 *Who Will Feed China? —Wake up Call for a Small Planet*,这本专著是对之前发表的两篇文章观点的论述。这本专著出版之后,在国际上和国内均引发了热烈的评说和讨论。[30]这阵"布朗旋风"来势凶猛,它虽然不是第一次发出关于耕地资源安全的警告,但却是第一次引起了中国政府及高层领导的极度关注。[49~50]

国外的一些学者和组织从没间断过对耕地资源安全问题的研究,其中以 Rivera W 和 Lester R. Brown 为代表的学者和 OECF 组织(日本海外经济协力基金)分别从经济发展、资源环境等方面对中国的农业进行了预测研究,研究结果显示中国的粮食不能自给自足,要依靠进口。但也有一些学者对这一观点表示怀疑并进行了批驳,论证了未来中国能自己养活自己。[51~52]

日本环境厅预测了我国 2050 年土地利用结构的面积变化,其研究结论是:我国的粮食产量呈现不断增长的趋势,但是我国的粮食缺口会越来越大。日本环境厅还提出,由于化肥和农药被过量和不合理地使用,中国耕地资源生态环境受到了严重的影响,耕地资源的生态安全,已经成为不容忽视的问题。

美国农业农村部经济研究局对我国未来 20 年的粮食产量也进行了研究,研究结果表明,在未来的 20 年内,随着粮食单产量的提高,我国的粮食总产量将不断增加,但是我国的耕地面积可能会不断下降。美国农业农村部的美籍华人左天觉发表了文章《畅想:2050 年中国农业发展前景》,他在该文章中指出:由于经济的快速发展,建设占用耕地的增加,再加上退耕还林政策的实施,中国的耕地面积将不断减少,每年大约减少 2%,据估计,到 2050 年,我国的耕地总面积将至少减少 20%。美国学者、康奈尔大学的 David Pimentel 对中国耕地的研究表明,中国人均耕地减少不仅仅是因为不断增加的人口数量,土壤的严重侵蚀和退化也是造成中国人均耕地减少的重要原因。

综上所述，国外的学者和组织从没间断过对耕地资源安全问题的研究。研究耕地资源安全是一个系统、复杂且庞大的工程，而关于耕地资源安全却并没有过明确的定义。研究者们多是从可持续发展角度出发，基于以下几个方面，对耕地资源安全进行研究。

(1)关于中国耕地资源安全问题，有的国外学者认为中国的粮食不能自给自足，要依靠其他国家的粮食来支撑。在未来，人口数量的不断增加、土壤的严重侵蚀和退化都可能导致耕地面积不断下降，同时由于化肥和农药被过量和不合理地使用，中国耕地资源生态环境将受到严重影响。耕地资源的生态安全，已经成为不容忽视的问题。

(2)由于地域差异性较大，各国社会背景不同，经济发展水平等方面也存在差异，因此针对耕地资源安全的研究方向具有多样性，耕地资源安全的影响因素也具有多样性，各国对耕地资源安全关注的侧重点也不一样。北美和欧洲的大部分学者对耕地资源安全的研究方向多为耕地变化对环境的影响和对土地生态景观的保护。亚洲地区、保护耕地资源、维护粮食安全成为了很多国家关注和研究的重要课题。[48]拉美、非洲的国家对耕地资源安全的关注度相对较低。全球对耕地资源的保护主要是通过制定相关的法律和土地利用规划来实现。

(3)关于耕地资源安全的可持续发展观，在理论基础方面，具有代表性的主要有四种：生态观的可持续发展、社会观的可持续发展、经济观的可持续发展、技术观的可持续发展。

1.3 研究内容与技术路线

1.3.1 研究内容

本书以湖北省耕地资源安全作为研究对象，从耕地资源的数量安全、质量安全和生态安全三个方面对耕地资源安全系统进行分析。本书首先运用耗散结构理论、系统动力学理论对湖北省耕地资源安全进行研究，依据湖北省的地域、水文、环境特点，构建了适应湖北省耕地资源特色的耕地安全系统指标体系，建立了评估耕地安全系统的量化模型，即数量-质量-生态模型。然后，采用 BP 神经网络法分别评价了湖北省耕地资源安全系统的数量安全、质量安全、生态安全状态，揭示了 2015 年 17 个市州数量安全、质量安全、生态安全的区域分布规律。接着，应用灰色关联度分析法遴选出对耕地资源安全系统影响较大的指标构建了总的耕地资源安全指标体系，应用 BP 神经网络法对湖北省耕地资源安全系统的总体安全状况进行了评价，解析了 2015 年 17 个市州耕地资源总体安全状况的区域分布规律。最后，运用信息熵法评价了湖北省耕地资源安全系统的协调发展水平。

本书主要分为六章，分别为：

第一章：绪论。提出了本书的研究背景和意义，在对国内外的相关研究成果进行总结和评述的基础上，介绍本书的研究内容、技术路线、研究方法、选取的数据以及本书的创新点。

第二章：重要概念与理论基础。介绍了耕地资源安全以及相关的概念、耕地资源安全的内涵、特征和划分标准，并建立了耕地资源安全研究的理论体系。

第三章：湖北省耕地资源安全现状及问题分析。主要介绍湖北省区域地理、自然、经济概况，从耕地资源数量安全、质量安全及生态安全三个方面分别分析了湖北省耕地资源安全现状，并指出了湖北省耕地资源安全存在的问题。

第四章：湖北省耕地资源数量-质量-生态安全评价。以系统动力学理论、耗散结构理论为基础，以湖北省耕地资源为研究对象，选取数量-质量-生态模型，建立了评价湖北省耕地资源数量-质量-生态安全的指标体系。采用 BP 神经网络法分别从数量、质量和生态三个方面评价了湖北省 2006—2015 年耕地资源安全状况，同时从这三个方面研究了湖北省 17 个市州 2015 年的区域分布规律。

第五章：湖北省耕地资源安全综合评价。通过应用灰色关联度法，对湖北省耕地资源安全指标进行筛选，构建了湖北省总的耕地资源安全系统指标体系，并运用 BP 神经网络法评价了整个湖北省耕地资源安全状况，解析了 17 个市州 2015 年的区域分布规律。并采用协调发展理论和信息熵法研究了湖北省耕地资源数量安全、质量安全、生态安全三个子系统的协调度及协调发展度。

第六章：结论与讨论。对本书的研究成果进行总结，对本书的不足及下一步的研究方向进行讨论。

1.3.2 技术路线

本书的研究技术路线如图 1-1 所示。

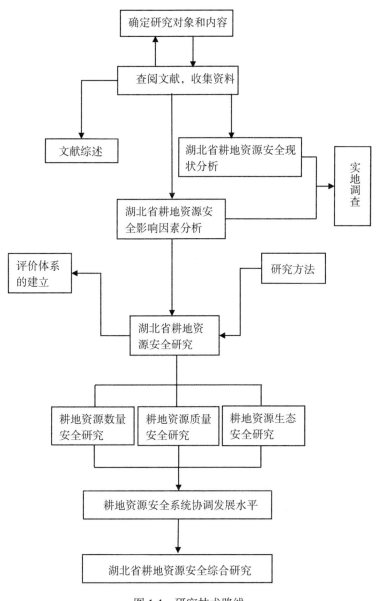

图 1-1 研究技术路线

1.4 研究方法

目前，在耕地资源安全的评价方法上，较为成熟的有综合指数法、模糊综合评价法、灰色关联法、极差标准化法、层次分析法、信息熵法和多因素综合评价法。此外，耕地资源承载力法、能值分析法和生态足迹法也是近年来常用的方法，也取得了一定的研究成果。这些定量方法主要通过确定准则层及因子层的指标权重，运用多目标综合或加权模型来测算耕地资源安全度。这些方法主要分为参数法和非参数法两大类。其中，参数法主要通过专家依靠自身丰富的经验人为主观地赋值来确定指标权重，主要有层次分析法等；而非参数法则是客观地分析各个指标数据之间的具体关系来确定指标的权重，主要有主成分分析法等。参数法的优点是可以充分利用行业专家的经验来确定指标的权重，缺点是受人为主观因素的影响较大。非参数法的优点是避免了主观性，能客观地确定权重，缺点是收集的数据不完整或有缺陷时，评价指标的权重就会不准确。如果采用这种方法，我们就需要掌握真实可靠且完整的数据资料。[30]

通过分析，本书采用以下几种方法来评价湖北省耕地资源安全状况。

1.4.1 BP 神经网络法

1. 人工神经网络

人工神经网络(artificial neural network，简写为 ANN)是一种模拟复杂的非线性系统的工具，因为其具有非线性映射和强鲁棒性等特点，所以被广泛应用于模式识别、仿真预测、函数逼近等诸多领域。[47~48] 人工神经网络的研究在最近 20 多年来被不断地深入，已经取得了很大的进展和突破。人工神经网络在模式识别、预测估计、自动控制、智能机器人、医学、生物、经济等领域得到了运用，连许多现代计算机都难以解决的实际问题，通过运用人工神经网络，都能成功地解决，表现出了很好的智能特性。

人工神经网络是在现代神经科学研究成果的基础上提出的，是一种非线性、自适应信息处理系统，是由大量的处理单元互联组成的。它试图通过模拟大脑神经网络处理、记忆信息的方式进行信息处理。其具有良好的自学习、自适应、联想记忆和非线性转换的能力，避免了复杂数学的推导，在样本缺损和参数漂移的情况下，仍能保证稳定的输出。因此可以利用人工神经网络对已知样本进行学习来获得先验知识，从而对新样本进行识别和评价。[48]

人工神经网络善于联想、概括、类比和推理，可用于预测、分类、模式识别、过程控制等各种数据处理工作，能够从大量统计资料中提取宏观统计规律。同时，与传统的数据处理方法相比，它更适合处理模糊的、非线性、含有噪音及模式特征不明确的问题。[54~56]

人工神经网络具有固有的非线性特性、高度的并行实现能力和并行结构。人工神经网络的训练主要是研究神经网络系统过去的数据，当期通过适当训练后就会具有归纳、总结所有数据的能力。因此，人工神经网络能够解决那些数学模型或描述规则难以处理的控制过程问题，具有较好的耐故障能力和较快的总体处理能力。人工神经网络评价法较其他综合评价方法而言更适合用于大区域尺度、长时间序列的安全评价，并能对评价结果进行综合深入的分析，[48]因此很适合用于耕地资源安全的定量研究。

2. 人工神经网络模型

人工神经网络模型依据网络连接的拓扑结构、神经元的特征、学习规则等不同来进行划分。目前已知的人工神经网络模型有反馈网络、Hopfield 网络、玻耳兹曼机等将近 40 种。根据连接的拓扑结构进行划分，其可以分为以下两种类型：

（1）前馈网络。该神经网络中没有回路反馈，主要是各个神经元接受上一级信息的输入，进而输出到下一级。其可以用一个有向无环路图表示。该网络模型采用简单非线性函数的多次复合来进行信息处理，实现了信息从输入层到输出层的变换。前馈网络模型结构非常简单且非常容易完成。其中 BP 神经网络是一种典型的前馈网络，应用范围非常广泛。

（2）反馈网络。该神经网络中有回路反馈，可以用一个无向的完备图表示。该类模型的信息处理主要是通过神经元来实现状态的变换，可以用系统动力学理论来实现。该网络系统的稳定性与联想记忆功能密切相关。该类模型常用的有 Hopfield 网络、玻耳兹曼机等。

　　本书在综合分析了各模型特点的基础上选取前馈网络中的 BP 神经网络模型进行下一步研究。

　　(3) BP 神经网络模型。BP 神经网络模型是 Rumelhart D E 和 McCelland J L 及其研究小组在 1986 年研究并设计出来的，在人工智能、信号处理、自动控制和模式识别等研究领域取得了瞩目的成果。BP 算法已经成为目前应用最为广泛的神经网络学习算法，据统计，近 90% 的神经网络应用基于 BP 算法。[57~58]因此，本书引入 BP 神经网络模型，对湖北省耕地资源安全状况进行研究。

　　BP 神经网络是一种前馈网络，具有 3 个基本的结构，分别为 1 个输入层、若干隐含层和 1 个输出层。图 1-2 为常用的三层 BP 神经网络模型的结构。其核心思想是假设输入层、隐含层和输出层神经单元的个数分别为 n、q、m，则该三层网络可表示为 BP (n, q, m)，利用该网络可实现 n 维输入向量到 m 维输出向量的非线性映射。输入层和输出层的单元数 n、m 可根据具体问题确定，而隐含层单元数 q 的确定尚无成熟的方法，一般可设定不同的 q 值根据训练结果来进行选择。[60~61]

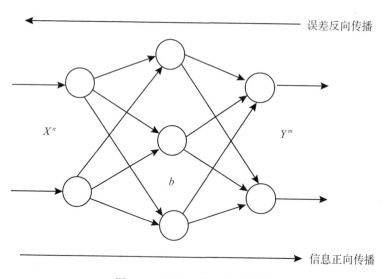

图 1-2　三层 BP 神经网络模型

　　网络结构 BP (n, q, m) 确定后，网络参数包括输入层第 i 单元到隐含层第 j 单元的权重 w_{ij}^{l}(其中，$i = 1$，$\cdots$，n；$j = 1$，$\cdots$，q)、隐含层第 j 单元到输出层第 k

单元的权重 w_{ij}^0（其中，$i=1$，$\cdots$，q；$j=1$，$\cdots$，m）、隐含层第 j 单元的激活阈值 θ_j^H（其中，$j=1$，$\cdots$，q）及输出层第 k 单元的激活阈值 θ_k^0（其中，$j=1$，$\cdots$，m）。以上权重和阈值的初值在网络训练之前随机生成。假设共有 P 个训练样本，输入的第 p 个（其中，$p=1$，2，$\cdots$，P）训练样本信息首先向前传播到隐含单元上，经过激活函数 $f(u)$ 的作用得到隐含层的输出信息：

$$H_{jp} = f\Big(\sum_{i=1}^{n} w_{ij}^l x_{ip} - \theta_j^H\Big) \text{（其中，} j=1,2,\cdots,q; p=1,2,\cdots,P) \quad (1\text{-}1)$$

激活函数 $f(u)$ 一般采用 $S(0,1)$ 型函数，即：

$$f(u) = 1/[1+\exp(-u)] \quad (1\text{-}2)$$

隐含层的输出信息传到输出层，可得到最终输入结果：

$$y_{kp} = f\Big(\sum_{j=1}^{q} w_{jk}^0 x_{jp} - \theta_k^0\Big) \text{（其中，} k=1,\cdots,m; p=1,\cdots,P) \quad (1\text{-}3)$$

接着利用式（1-4）来调节网络权重和阈值。[60, 63]

$$\Delta w(t+1) = \eta\frac{\partial E}{\partial w} + \alpha\Delta w(t) \quad (1\text{-}4)$$

$$E = \frac{1}{2}\sum_{k=1}^{m}\sum_{p=1}^{P}(y_p - t_p)^2 \quad (1\text{-}5)$$

式中：$\Delta w(t)$ 为 t 次训练时权重和阈值的修正，η、α 分别为比例系数和动量系数，E 为误差平方和。

BP 神经网络模型使用最速下降法来进行学习和训练，通过反向传播来不断调整模型的权值和阈值，直到网络的误差平方和最小才停止。该算法在停止前会反复运用以上两个过程。当该网络输出的误差减小到可接受的程度，或学习训练的次数达到设定值时，计算结束。

3. BP 神经网络算法

（1）数据归一化。由于网络输入和输出数据限制在[0,1]或[-1,1]，因此在数据输入前要对数据进行归一化的处理，初始化公式见式（1-6）。

$$q_{ij} = \begin{cases} x_{ij}/\max(x_{ij}) & \text{（当指标为正时）} \\ \min(x_{ij})/x_{ij} & \text{（当指标为负时）} \end{cases} \quad (1\text{-}6)$$

式中：x_{ij} 为指标 i 的原始值，$\max(x_{ij})$、$\min(x_{ij})$ 分别为指标 i 的年份最大值

23

和最小值。

(2) 计算隐含单元输入。

$$s_{1j} = \sum_{i=1}^{n} W_{1ij}x_i \tag{1-7}$$

式中，W_{1ij} 为第 i 输入单元至第 j 隐含单元的权值；x_i 为输入单元 i 的输入信息；s_{1j} 为隐含单元 j 的输入信息；n 为输入单元个数。

(3) 计算隐含单元输出。对于三层 BP 神经网络模型，隐含层一般采用 Sigmoid 激活函数。激活函数 $f(u)$ 表达式为：

$$y_j = f(u) = 1/[1 + \exp(-s_{1j} + q_{1j})] \tag{1-8}$$

式中，y_j 为隐含单元的输出，q_{1j} 为隐含单元的阈值。其输入值可取任意值，输出值在 0 到 1 之间。

(4) 计算输出单元输入。

$$s_{2k} = \sum_{j=1}^{m} W_{2jk}y_j \tag{1-9}$$

式中，W_{2jk} 为第 j 隐含单元至第 k 输出单元的权值；s_{2k} 为第 k 个输出单元的输入；m 为隐含单元个数；每一层中，当只有一个输出单元时，k 恒为 1。

(5) 计算输出单元输出。模型中输出单元的激发函数为线性阈值函数，其输出为：

$$z_k = s_{2k} + q_{2k} \tag{1-10}$$

式中，z_k 为输出单元的输出，q_{2k} 为输出单元的阈值。

(6) 计算训练误差。线性输出单元的训练误差计算公式为：

$$e_k = z_{0k} - z_k \tag{1-11}$$

平方误差的瞬时值为：

$$E_k = \frac{1}{2} \sum (z_{0k} - z_k)^2 \tag{1-12}$$

z_{0k} 为第 k 个输出单元的期望值。

(7) 计算输出层权值和阈值调整量。

$$\Delta W_{2jk}^{p} = \alpha \times \delta_k \times y_j = \alpha \times (e_k \times z_k') y_j \tag{1-13}$$

$$W_{2k}^{p+1} = W_{2k}^{p} + \Delta W_{2jk}^{p} + \mu \Delta W_{2jk}^{p-1} \tag{1-14}$$

$$q_{2k}^{p+1} = q_{2k}^{p} + \alpha \times \delta_k + \mu \times (q_{2k}^{p} - q_{2k}^{p-1}) \tag{1-15}$$

ΔW_{2jk}^{p} 和 ΔW_{2jk}^{p-1} 分别为第 p 次和第 $p-1$ 次迭代的权值调整量；ΔW_{2jk}^{p+1} 为第 $p+1$ 次迭代的权值；δ_k 被称为局部梯度，是输出端平方误差与输出层网络权值的导数；q_{2jk}^{p}、q_{2jk}^{p-1} 和 q_{2jk}^{p+1} 分别是第 p 次、第 $p-1$ 次和第 $p+1$ 次迭代的阈值；常数 α 被称为学习率，代表网络权值调整的速度；常数 μ 被称为动量项系数，$0 < \mu < 1$，为平滑权值调整而设置。

(8) 计算隐含层权值和阈值调整量。

$$\Delta W_{1ij}^{p} = \alpha \times \delta_j' \times x_i = \alpha \times \left(\varphi' \times \sum \delta_k W_{jk}^{p} \right) \times x_i \tag{1-16}$$

$$W_{2j}^{p+1} = W_{2j}^{p} + \Delta W_{2ij}^{p} + \mu \times \Delta W_{2ij}^{p-1} \tag{1-17}$$

$$q_{2j}^{p+1} = q_{2j}^{p} + \alpha \times \delta_j' + \mu \times (q_{2j}^{p} - q_{2j}^{p-1}) \tag{1-18}$$

ΔW_{2ij}^{p} 和 ΔW_{2ij}^{p-1} 分别为第 p 次和第 $p-1$ 次迭代的权值调整量；ΔW_{2ij}^{p+1} 为第 $p+1$ 次迭代的权值；δ_j' 也是局部梯度，是输出端平方误差与隐含层网络权值的导数；q_{2ij}^{p}、q_{2ij}^{p-1} 和 q_{2ij}^{p+1} 分别是第 p 次、第 $p-1$ 次和第 $p+1$ 次迭代的阈值；常数 α 被称为学习率，代表网络权值调整的速度；常数 μ 被称为动量项系数，$0 < \mu < 1$，为平滑权值调整而设置。

(9) 迭代结束条件。

若 E_k 达到误差要求，则结束迭代过程，训练结束；否则继续迭代，直到达到误差要求或者达到最大迭代次数。[63~64]

1.4.2 灰色关联度分析法

1. 灰色关联度分析

灰色关联度分析是一种多因素统计分析方法，是对系统所包含的相互联系、相互影响、相互制约的因素之间关联程度进行定量比较的一种研究方法。[73~74]灰色关联度分析是以各因素的样本数据为依据，用灰色关联度来描述因素间关系的强弱、大小和次序。如果样本数据列反映出两因素变化的态势基本一致，则它们之间的关联度较大；反之，关联度较小。灰色关联度分析的基本思想是根据各比较序列曲线与参考序列曲线的相似程度来判断其联系是否紧密。[75]灰色关联度分析的核心是计算关联度，以选定的指标为参照，按照多因素综合评判法确定因素因子体系，通过分析比较得出耕地安全指标的关联度大小，关联度越大，其指标

对耕地资源安全的影响越大。[76~77]

灰色关联度分析法通过对由求取出的各个方案与由最佳指标组成的理想方案的关联系数得到的关联度进行排序而得出结论,对数据规律性和样本数量不做要求,分析结果一般也与定性分析相吻合。[78]

2. 灰色关联度的计算步骤

设 x_1,x_2,…,x_n 为 n 个因素,反映各因素变化特性的数据列为 $\{x_{1j},x_{2j},…,x_{nj}\}$,$j = 1,2,…,m$。

(1) 无量纲化指标因子。

通过式(1-19)对原始数据矩阵进行无量纲化,可得到新的无量纲化后的数据矩阵:

$$p_{ij} = \frac{x_{ij}}{\sum\limits_{i=1}^{n} x_{ij}} \tag{1-19}$$

(2) 求绝对差。

$$z_{ij}(t) = |p_{ij} - p_{ij\max}| \text{（其中,} j = 1,2,…,m\text{）} \tag{1-20}$$

(3) 求其最大值 $z'_{j\max}$ 和最小值 $z'_{j\min}$。

(4) 求 $z'_{j\max}$、$z'_{j\min}$ 的最大值 $z''_{\max}$ 和最小值 $z''_{\min}$。

(5) 求关联系数。

关联系数计算公式:

$$\xi_{ij} = \frac{z''_{\min} + \rho z''_{\max}}{z_{ij}(t) + \rho z''_{\max}} \tag{1-21}$$

ρ 为[0,1]上的分辨系数。ρ 取值的大小可以控制 $z''_{\max}$ 对数据转化的影响,ρ 取较小的值,可以提高关联系数间差异的显著性。ρ 依据数据情况多在0.1~0.5取值,ρ 越小越能提高关联系数间的差异。[78~79]

(6) 求各因素的关联度 γ_{ij}。

γ_{ij} 反映了比较数列与参照数列的联系紧密程度与影响大小。其中 γ_{ij} 越大,则指标 x_i 在各评价因子中所占的比重就越大,γ_{ij} 的计算如式(1-22)所示:

$$\gamma_{ij} \approx \frac{1}{m} \sum_{i=1}^{m} \xi_{ij} \tag{1-22}$$

1.4.3 信息熵法

信息熵法是一种客观赋权法，通过对实际数据的计算来确定指标的重要性。该方法由于以客观信息为基础，不考虑专家的经验信息，因此摒弃了强烈的主观性，具有强大的说服力，且消除了信息之间的重叠性，从而在一定程度上避免了主观因素带来的偏差。

1. 信息熵及理论基础

熵（entropy）一词出自希腊语，意思为变化的容量。19世纪50年代末，随着热力学第二定律的提出，德国科学家克劳修斯（Clausius）引入了熵这个词。熵这个词语很快就在物理学领域的热力学和统计学范围内被广泛使用和流传。1948年，美国数学家 Shannon 创立了信息论，提出一个概念称之为信息熵。申农定义信息熵为通信过程中信息源信号的不确定性，把消除了多少不确定性称为信息。自从信息熵的概念提出以来，越来越多的科学家和学者关注到它，并逐渐把该概念从信息论推广到物理、化学、生物、心理学、经济学、管理学等多个领域，应用越来越广泛，成果也越来越丰硕。随着时间的推移，人类对熵理论的认识也日趋完善和深入，[74] 源于热机的物理学概念熵已在通信、经济学、社会学、生物学、化学等自然科学和社会科学的众多领域得到广泛应用。

熵首先是物理学里的名词，熵的定义来源于热物理学。在传播中熵是指信息的不确定性，高信息度的熵低，低信息度的熵则高。假定有 a、b 两种气体，当 a、b 完全混合时，就可以达到热物理学中的稳定状态，此时熵是最大的。要想将 a、b 两种气体完全分离，在封闭的系统中不可能实现，只有在外部干预（信息）的情况下，或者在系统外部添加一种有序化的东西（能量），才可以使得 a、b 两种气体分离。此时 a、b 两种气体就进入另外一种同样稳定的状态，其信息熵最低。热物理学证明，在一个封闭的系统中，熵总是在逐渐增大，直至最大才达到稳定状态。只有在外部信息和能量的干预下，系统的熵才会减少，系统有序度才会增强。

1948年，申农提出了"信息熵"的概念，通过把信息量化，用量化后的信息来研究。申农认为：一个变量的不确定性越大，它的熵也就越大，要将其研究清楚就需要更大的信息量。即对于一个具有不确定性的系统，假如用随机变量 X 代表其状态特征，那么对于离散型随机变量，假设 x 的取值为 $X = \{x_1, x_2, \cdots, x_n\}$（其中，$n > 2$），每一个取值所对应的概率为 $P = \{p_1, p_2, \cdots, p_n\}$（其中，$0 \leqslant p_i \leqslant 1$，$i = 1, 2, \cdots, n$），且有 $\sum p_i = 1$，那么系统的信息熵可以表示为：$S = -\sum P_i \ln P_i$，这就是申农公式。该信息熵可用来描述任何一种物质运动或一个系统的混乱度和无序度，即广义熵或者泛熵。[83~84]

信息熵一般用符号 H 表示，单位是比特。信息熵是信息论中用于度量信息量的一个概念，也是描述系统有序化程度的一个概念。信息熵越低，则表明这个系统越是有序；反之，信息熵越高，则表明这个系统越是混乱。

2. 熵权法的计算方法

信息熵的计算公式为：$S = -\sum P_i \ln P_i$，其中，对于一个不确定性的系统，若用离散型随机变量 X 来表示其状态和特征，假设 x 的取值为 $X = \{x_1, x_2, \cdots, x_n\}$（其中，$n \geqslant 2$），每一个取值对应的 $P = \{p_1, p_2, \cdots, p_n\}$（其中，$0 \leqslant p_i \leqslant 1$，$i = 1, 2, \cdots, n$），且有 $\sum p_i = 1$。

在耕地资源系统研究中引入信息熵，可以通过定量计算，得出耕地资源安全数量、质量和生态安全系统各个指标权重值。

如果对 n 个评价指标 m 个年份进行评价，ΔS_1、ΔS_2 和 ΔS_3 可表示为：

$$\Delta S = -\frac{1}{\ln n}\sum_{i=1}^{n}\frac{q_{ij}}{q_j}\ln\frac{q_{ij}}{q_j} \qquad (1\text{-}23)$$

$$q_j = \sum_{i=1}^{n}q_{ij}(\text{其中，} i = 1, 2, \cdots, n; j = 1, 2, \cdots, m)$$

式中：q_{ij} 为原始指标的归一化值。

权重是由指标信息熵 E_i 确定，权重计算公式为：

$$Q_i = \frac{1 - E_i}{n - e_e}\left(\text{其中，} \sum_{i=1}^{n}Q_i = 1, 0 \leqslant Q_i \leqslant 1\right) \qquad (1\text{-}24)$$

其中：

$$E_i = -\frac{1}{\ln m}\sum_{j=1}^{m}\frac{q_{ij}}{q_i}\ln\frac{q_{ij}}{q_i} \qquad (1\text{-}25)$$

$$q_i = \sum_{j=1}^{m} q_{ij}(\text{其中, } i = 1, 2, \cdots, n; j = 1, 2, \cdots, m) \qquad (1\text{-}26)$$

$$e_e = -\sum_{i=1}^{n} \frac{1}{\ln m} \sum_{j=1}^{m} \frac{q_{ij}}{q_i} \ln \frac{q_{ij}}{q_i} \qquad (1\text{-}27)$$

1.5 研究数据

本书数据主要来源于国家统计局，湖北省统计局及国土部门、环境部门的调查数据、网络数据库以及笔者通过这些数据计算整理而得的数据，具体数据来源有：湖北省统计年鉴、湖北各市州统计年鉴、湖北农村统计年鉴、中国统计年鉴。

本书研究的时间段为2006—2015年。

1.6 本书的创新点

本书在结合资料分析、充分借鉴国内外研究成果的基础上，所作的主要突破和创新有：

(1)耕地资源安全系统是一个集合自然、经济、社会的复合系统，本书以耗散结构理论为主，结合系统动力学理论、协调发展理论、区域科学和区域分析理论，构建了一个较完整的研究耕地资源安全的理论体系。

(2)依据湖北省地域特色及指标选取原则，本书分别建立了湖北省耕地资源数量–质量–生态安全指标体系。同时应用灰色关联度分析法，对指标进行筛选，构建了湖北省总的耕地资源安全系统指标体系。

(3)本书运用BP神经网络法分别对湖北省耕地资源数量、质量、生态系统安全状况及总体耕地资源安全状况进行了评价。同时本书应用协调发展理论和信息熵法对湖北省耕地资源数量安全、质量安全、生态安全三个子系统的协调发展水平进行了研究。

(4)本书揭示了湖北省17个市州2015年的耕地资源数量安全、质量安全、生态安全及总的耕地资源安全区域分布规律。

2 重要概念与理论基础

2.1 重要概念

2.1.1 耕地资源安全

人类经济与社会的快速发展,对耕地资源产生了巨大的负载压力。在这种背景下,一些学者提出了耕地资源安全的概念。耕地是土地的重要组成部分,耕地资源是土地资源的精华,耕地资源安全关系到土地资源安全。到目前为止,学术界还没有对耕地资源安全的内涵进行过准确界定,其内涵仍在不断地充实和完善。耕地资源安全的概念可以表述为:一个国家或者地区的耕地资源可以持续保障生物群落(主要指人类)健康生存的一种状态或能力。同时也可以表述为一个国家或地区有充裕、稳定、均衡的耕地资源可供利用,这些耕地资源使其能够在一定时期内持续足量地取得食物,能满足人们的基本生活所需,并且能够满足国民经济和社会的健康发展需要。[99]

耕地资源作为粮食生产最基本的生产资料,粮食安全状态的稳定直接受到耕地资源状况的影响,而粮食安全又直接影响到国家经济安全且影响程度重大。同时耕地资源系统是一个完整的生态系统,人类为了生存和发展,会对耕地进行开发和利用,并且会参与到耕地资源生态系统的能量循环中,在这整个过程中,耕地资源系统势必会受到人类活动的影响,最终又会反作用于人类。因此,耕地资源安全不仅会对国家粮食安全造成重大影响,还会对国家的经济发展和经济安全造成重大影响,需要时刻保持健康稳定的状态。

2.1.2　耕地资源安全的细分

从耕地资源安全以往的研究看来，对耕地资源安全内容的划分有多种方案，由此形成了各种模型，有社会-经济-自然模型、数量-质量-生态模型、压力-状态-响应模型（PSR 模型）、驱动力-状态-响应模型（DSR 模型）以及改进的驱动力-压力-状态-影响-响应模型（DPSIR 模型）。本书选取数量-质量-生态模型对湖北省耕地资源安全进行研究，将湖北省耕地资源安全细分为耕地资源数量安全、耕地资源质量安全和耕地资源生态安全。本书主要围绕这三个方面对耕地资源安全进行研究。

1. 耕地资源数量安全

耕地资源数量安全是指一个国家或地区的耕地数量能够持续、稳定地满足该区域人口健康生存和发展的需要。粮食来源于耕地，耕地是农业的根本，农村经济的发展离不开耕地，所以耕地数量必须得到保障，如果耕地数量达不到要求，农业经济发展的基础就会动摇。[100~101]

在耕地资源安全评价实践中，数量是重要的考核指标，数量由于具有可量化性、可监控性等显著特征，其计算易操作且成本低，因此被广泛采用。耕地数量安全的目标包括静态与动态这两种目标。静态目标是指在一定的时间段内耕地资源数量能够满足该区域内人们对粮食的需求，动态目标是指耕地资源安全数量不是一成不变的，它会随着环境的变化而变动，会随经济社会的发展而发展，整体呈现一种动态平衡——与粮食安全需求保持动态平衡。①

2. 耕地资源质量安全

耕地资源质量安全是指在一定区域和一定时期内，耕地资源质量处于一种持续的动态平衡状态，在该状态下，耕地有提供稳定产出的能力，并且耕地一直处于健康稳定的状态。[102]与耕地资源的数量相比，耕地资源的质量变化相对稳定。影响耕地资源质量安全的因素众多且广泛，因此，耕地资源质量的内涵也相当广泛。目前，根据其内涵深化的程度，耕地资源质量可以被分为三个部分，分别为

---

① 陈朝. 湖北耕地利用变化与驱动力分析[D]. 武汉：华中师范大学，2007：20-25.

自然质量、环境质量和经济质量。自然质量指的是耕地资源的自然属性，包括光照、温度、水分、坡度、土壤等自然条件，它是耕地质量的基础，是耕地质量必不可少的一部分。环境质量指的是耕地资源的环境属性，主要通过三个方面来衡量：第一，是否能够满足人类健康发展的需要；第二，是否可以满足可持续发展的要求；第三，是否可以满足系统的生态发展需要。经济质量是指耕地资源的区位属性，用来衡量经济发展对耕地资源带来的影响（李丹等，2004；刘锐，2005）。

耕地资源质量安全的性质主要表现在两个方面：一是历史性。它是指耕地资源的质量安全必须基于特定的历史阶段去考量，因为在不同的历史发展阶段，农业状况和科技发展水平的差异很大，不同的时期对耕地质量安全的要求也不同。二是动态性。因为耕地资源质量随着时间的变化会发生相应的变化，它不是一成不变的，耕地质量会因为不合理的利用而下降，会因为耕地改造而上升。耕地资源质量安全的目标就是要保持和保障耕地质量，促进耕地资源可持续健康利用，加强对中低产田的改造，不断提高中低产田的综合肥力，提高耕地的持续生产能力，为经济的快速发展和社会稳定提供必要的粮食安全保障。

3. 耕地资源生态安全

耕地资源生态安全是指在一定时间和空间内，耕地资源的生态环境不但能够保持自身的功能结构处于稳定状况，还可以满足可持续发展的需要，并且处于没有被污染、没有被破坏、没有受到威胁或者受污染、受破坏很少、受威胁很少的健康状态。[102]耕地资源生态安全包括三个方面的含义：耕地资源环境安全、耕地资源生态系统安全和耕地资源社会经济安全。它具有三个特征：公共性、潜隐性和重要性。耕地资源生态安全是一个人工生态系统，其研究主体是耕地资源系统，该系统与人的活动密切相关，如果离开了人的作用，耕地资源生态系统也会随之消失。耕地资源生态安全的目标是保持耕地资源系统的健康发展，保障持续的粮食生产能力。[103~104]

综上所述，耕地资源安全整合了数量安全、质量安全、生态安全三个方面的内容，要想实现耕地资源的整体安全，就必须使每一个方面均处于安全状态。

2.1.3 耕地资源安全的特征

1. 相关性

粮食安全、环境安全、生态安全和经济安全，它们与耕地资源安全之间联系密切，互相影响，而且有明显的相关性，且为正相关，它们相辅相成，相互促进。[42]

2. 长期性

耕地资源安全状态的达成是一个逐步累积的过程，其造成的影响也是长期的，一旦耕地资源安全出现问题，就需要长期花大量的人力、财力和物力来修复。

3. 动态性

耕地资源安全状况是不断变化的，它会随着环境的变化而变化。影响耕地资源安全的因素大致可以分为三类，分别是自然因素、社会经济因素和其他因素。影响耕地资源安全的因素发生变化，耕地资源安全状态也会随之发生变化。

4. 公共性

耕地资源是一个国家或区域的社会成员赖以生存和发展的公共资源，社会的每一个成员都享有耕地资源所提供的效用，这种效用的享用，并不会因为个别成员而排斥其他成员。因此，在对耕地资源安全进行研究时，要将一个国家或区域的耕地资源作为一个整体来研究，其具有很强的公共性。[99]

5. 整体性

耕地资源安全的各个方面是紧密联系的，它们是密不可分的一个整体，相互影响，相互制约。所以，在以人类为主体的耕地资源安全系统中，我们不应该只考虑系统的单方面要素，而应该充分考虑要素和要素之间的各种关系，与此同时，人类必须发挥好积极的主导作用，从全局和整体的角度出发，来考虑如何维护好耕地资源这一系统的正常运转，努力使整个耕地资源系统朝着健康安全的方向发展。[99]

6. 差异性

耕地资源安全的差异性非常明显，主要表现在两个方面：一是区域分布上的差异性，即区域内部耕地资源安全状况差异明显；二是管理层次上的差异性，即由于管理规范和标准的差异，在不同管理层次上的耕地资源安全程度也存在很大的差异。

7. 隐蔽性

对耕地资源安全的评价要通过构建相应的评价体系来实现，由此可见，耕地资源安全状况是通过一系列的指标来反映的，并不能直接表现出来，所以一地的耕地资源安全状况发生了细微改变，将很难让人察觉，隐蔽性相当强。

8. 战略性

耕地资源安全不仅关系到粮食安全和国家的经济社会安全，也事关国家可持续发展战略的实施。由此可见，维护耕地资源安全具有非常重要的战略地位。

2.1.4　耕地资源安全评价及划分标准

耕地资源安全评价是指在理论的指导下，在充分了解耕地资源安全运行原理的基础上，首先根据所研究区域的自然、经济、社会和环境生态状况，选取一定的模型，分析影响耕地资源安全的因素，依据科学、客观的指标选取原则，构建相应的指标评价体系。然后再选取适合的评价模型和评价方法，定量或定性地对研究区域的耕地资源安全状况及健康程度进行评价分析，并找出威胁耕地资源安全的相关因素，为保障耕地资源安全和可持续发展提供理论指导。本书选取数量-质量-生态模型对湖北省耕地资源安全进行评价研究，将湖北省耕地资源安全指标体系细分为耕地资源数量安全指标体系、耕地资源质量安全指标体系和耕地资源生态安全指标体系。本书主要围绕这三个方面来构建总的评价指标体系。

依据计算得到的综合安全值，采用一定的划分标准，可将安全程度进行定性

划分。本书参照了石油、水资源的安全标准，对耕地资源安全程度的划分结果如
表 2-1 所示。

表 2-1　　　　　　　　　　　　安全程度划分结果

综合安全值	≥0.9	0.8~<0.9	0.7~<0.8	0.6~<0.7	<0.6
安全程度	非常安全	较安全	基本安全	弱安全	不安全

2.2　理论基础

2.2.1　耗散结构理论

比利时科学家普利高津创立了耗散结构理论，定义非平衡条件下的稳定的、
有序的结构为耗散结构。[75]一个在非平衡条件下产生的开放的系统，处于无序状
态，它要维持自身，就要连续地与外界进行物质和能量的交换，在这个过程中，
系统会受到外界的影响，当达到一定条件时，系统就能转变为时间、空间、功能
都有序的状态。[74,105]

耗散结构理论属于系统科学的理论层次，主要揭示了一个无序的系统变为有
序的系统所需的条件和机制，把系统科学研究转变为研究系统发展和演化的阶
段。目前，耗散结构已在土地研究、水资源系统研究、城市生态结构研究以及农
业可持续发展研究等领域得到广泛应用。

耗散结构主要有 4 个特征：第一，系统必须开放；第二，远离平衡态；第
三，非线性相互作用；第四，涨落现象。一个系统如果符合上述 4 个特征，即可
被视作耗散结构。根据这 4 个特征，耗散结构系统又可以被定义为：在非平衡条
件下产生的一个内部具有非线性相互作用的系统，这个系统是开放的，系统要维
持自身，就需要不断地与外界进行物质、能量和信息的交换。

耕地资源安全系统是一个集合自然、经济、社会的复合系统，可以被看作一
个耗散结构，因为其满足耗散结构的 4 个条件，[106]具体分析如下：

（1）系统开放。耕地是一个开放的系统，它与自然界紧密相连，通过人类物

质能量的不断投入，生产出大量的粮食作物、经济作物，从而产生效益。耕地资源安全系统内部也在通过生物和非生物的因素来与外界其他系统发生着物质、能量和信息的交换，是一个大开放的系统。

(2)远离平衡态。耕地资源安全系统是一个具有自我调节功能的系统，具有一定的有序性。同时，耕地资源安全系统又受自然、经济、政治等诸多因素的影响和制约，导致耕地资源安全系统远离平衡态。因此，从宏观方面来看，耕地资源安全系统内部众多要素非常复杂，远离平衡态。

(3)非线性相互作用。耕地资源安全系统内部要素众多、结构复杂，包含多个子系统，比如自然(光照、气候、温度、湿度、水文、植被、土壤)、经济、社会等。这些子系统内部结构复杂，各要素之间关联性很强，它们相互影响和制约，彼此之间呈非线性关系。

(4)涨落现象。耕地资源安全系统受自然、经济、社会等各种外界因素干扰，同时内部又受生物的、非生物的系统相互作用，这就造成了耕地资源安全系统出现不稳定的"涨落"现象。

2.2.2 系统动力学理论

系统动力学是一种以反馈控制理论为基础，运用计算机仿真技术手段，研究复杂的社会经济系统的方法；[107] 同时其能对复杂的系统进行定性与定量的分析，也是系统科学的实验手段和分析方法之一。系统动力学主要基于系统论、控制论、信息论和计算机仿真技术。[110~111] 它的独特性就在于通过建立规范的数学模型，来分析系统结构、功能和行为之间的内在关系并提出解决问题的对策。系统动力学最适用于分析信息反馈系统结构、功能之间动态的辩证对立统一关系，[113] 以及处理非线性、多重反馈和复杂时变的动态系统。而耕地资源安全系统正是由一系列相互联系、相互制约的因素组成的有机整体，在变化过程中系统内部形成了一系列正负反馈环，其中任何因素的变化都会引起系统中其他因素的增减变化，从而影响耕地资源安全系统的结构与功能。[114~115] 耕地资源安全系统是一个集合自然、经济、社会的复合系统，运用系统动力学模型模拟耕地资源安全系统具有一定的优势。因此本书选择系统动力学理论来对其进行研究。

使用系统动力学解决问题的主要步骤如下：(1)用系统动力学的理论、原理和方法对研究对象进行系统分析。（2）进行系统结构分析，划分系统层次与子块，确定总体与局部的反馈机制。系统动力学是通过因果关系图对系统中要素的因果关系进行分析。因果关系分析就是进行系统的结构分析，划分系统层次与子块，确定总体的与局部的反馈机制；分析与问题有关的因素，分析因素之间的相互影响和相互作用。系统中某因素增加或者减少，会使和它相关的其他系统因素相应地增加或减少，这种关系就称为正关系或负关系。用图来反映系统界限内因果关系，就是因果关系图。[115,119] 因果关系分析就是将系统内的要素关系通过箭头表示。因果关系图由正、负反馈环组成。[121]

耕地资源安全系统是自然-经济-社会复合体。耕地资源安全系统结构是系统各要素关系的综合反映，横向表现为因果反馈结构，纵向则表现为层次结构。反馈回路为包含了多个正、负反馈回路的耕地资源安全系统的总体因果关系。系统要保持动态平衡和稳定发展，可通过自然、社会、经济之间的相互嵌套与制约产生自我调节机制来实现，也可通过人工调控改变系统运行的反馈机制来实现。根据上述分析，本书得出整个系统的因果关系图，如图 2-1 所示。

耕地资源安全系统主要由人口子系统、耕地子系统、粮食子系统、经济子系统、生态子系统组成。这些子系统相互联系、相互影响，彼此之间存在多重反馈的因果关系。[121~122]

1. 人口子系统

人口是影响耕地资源安全的一个重要因素。人口数量的变化影响到耕地资源安全的很多方面，比如人均耕地面积。尤其是人口数量不断增加会对耕地资源造成巨大压力。该子系统所体现的是其本身的状态变化，以及通过消费，人口与粮食和耕地等因素间的内在联系。

2. 耕地子系统

耕地子系统是整个系统的核心部分。耕地不仅是农业生产的基础，与经济发展息息相关，还是生态环境的重要组成部分。耕地资源是人类赖以生存的保障，直接关系到第一产业的发展。耕地面积与粮食等农产品产量密切相关。耕地面积增加主要来源于土地开发整理和复垦，耕地面积减少主要是由于经济建设及城市

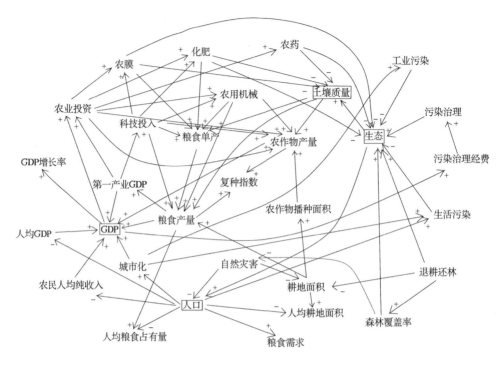

图 2-1 耕地资源安全系统因果关系图

化对耕地的占用、农业结构调整、自然灾害和退耕还林等。耕地质量主要包括耕地类型、土壤质量。

3. 粮食子系统

粮食的生产状况关系着国民温饱，决定着经济的兴衰。提高粮食综合生产能力是维护国家粮食安全的核心，没有稳定可靠的粮食生产能力，就不可能有国家的长治久安。粮食生产的主要来源是耕地资源，耕地资源的减少会使粮食生产遭到破坏，进而危及粮食安全。粮食子系统的研究内容主要包括农业投入、科技投入、粮食单产、粮食总产和粮食播种面积等。

4. 经济子系统

社会经济的快速发展，会产生双面效应。一方面，经济发展带来了更多的资金，使民众富裕，使国家的粮食生产、土地改造和开发的能力增强；同时，经济的发展导致科技水平越来越高,而科学技术的发达会促进粮食单产水平的提高,进而更多的粮食作物被生产出来。另一方面,经济的发展必然伴随工业发展,进而占用更多的耕地,产生更多的工业"三废"污染。经济子系统的研究内容主要包括国内生产总值、农业投资和科技投资等。

5. 生态子系统

生态系统的变化会直接或间接地影响到耕地资源安全。一方面,农药、化肥、农用塑料薄膜的使用会使耕地生态环境恶化,固体废弃物和废水流入耕地会对耕地的生态系统造成破坏。另一方面,自然生态的改变又会间接影响耕地,比如大气污染、酸雨会破坏耕地生态环境;森林覆盖率的提升、水土流失的治理会改善耕地生态环境。

2.2.3 协调发展理论

1. 协调发展度

协调是描述事物之间良性发展关系的概念,表示系统之间或系统内要素之间和谐统一、配合得当的关系;发展则是描述系统或系统内要素本身运动变化过程的概念,指系统或系统组成要素本身从小到大、从简单到复杂、从低级到高级、从无序到有序的变化。由此可知协调是系统之间一种良好的关联,而发展是系统本身的一种演化过程。所以"协调发展"只能是"协调"与"发展"概念的交集,是系统或系统内要素之间在和谐一致、配合得当、良性循环的基础上,由低级到高级,由简单到复杂,由无序到有序的总体演化过程。协调发展追求的是一种齐头并进、整体提高、全局优化、共同发展的美好前景,强调了一种"整体性""综合性""内生性"的发展聚合。

系统协调的基本思想是,通过某种方法来组织和调控所研究的系统,寻求解决矛盾或冲突的方案。系统协调的目的是减少系统的整体输出功能和整体效应。其中,"协调度"是指系统或要素之间协调状况的好坏程度,用来衡量系统之间或系统组成要素之间在发展演化过程中彼此和谐一致的程度。协调度越高表示系统或要素之间的协调状况越好,反之,则表示系统和要素之间的协调状况越不

好。而"协调发展度"是对系统或要素之间协调程度，以及系统总体发展水平的定量化表达。[123~124]

耕地资源安全系统协调度指度量耕地资源安全系统中数量安全子系统、质量安全子系统与生态安全子系统之间协调状况好坏程度的定量化指标。耕地资源安全系统协调发展度是对不同的发展阶段，区域耕地资源安全系统中的数量安全子系统、质量安全子系统与生态安全子系统之间的协调程度，以及耕地资源安全系统的综合效益水平的定量化表达。耕地资源安全系统协调发展是指在耕地资源安全系统中数量安全、质量安全、生态安全系统等诸要素和谐地、合理地、使总效益最佳地发展。[125]

因此，协调发展度不仅反映了耕地资源安全各个子系统的同步性，也反映了耕地资源安全系统发展的综合实力水平。区域耕地资源安全协调发展研究是耕地资源安全研究的重要内容。[126]

2. 协调发展度模型

对耕地资源安全系统中数量、质量、生态安全系统的协调发展水平进行研究，主要是计算协调度和协调发展度。评价过程如图 2-2 所示。

耕地资源安全系统协调发展度评价模型是通过效益评价模型和协调度函数的构建来完成的。在本书中，耕地资源安全系统协调发展度评价模型由数量安全、质量安全和生态安全评价函数、耕地资源安全系统综合效益指数评价模型、耕地资源安全系统协调度和耕地资源安全系统协调发展度函数 4 部分构成，其中数量安全、质量安全和生态安全评价功效函数构成了耕地资源安全系统综合效益指数评价模型。

2.2.4　区域科学与区域分析理论

区域作为人类生存和聚居的场所，或者作为人类社会经济活动的一个载体，是人类在自身发展和社会进步的同时开发、利用、改造的对象。因此，区域具有一定的范围、一定的界限和一定的体系结构形式（例如多极性、层次性等）。任何一个区域，其内部的各个组成部分都存在着高度相关的特性。区域的本质特性是整体性和结构性，两者互相关。区域分析主要是研究区域发展过程中各影响因

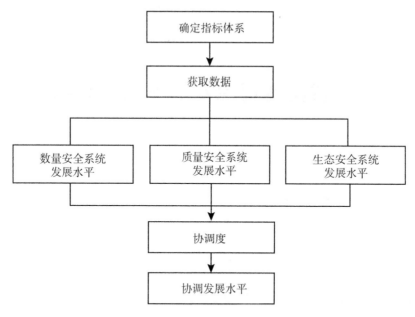

图 2-2　协调发展评价过程

素,包括自然条件、社会经济条件等,对区域发展的影响程度,以及研究区域内部各个自然以及人文要素之间的关系及它们和区域相互联系的规律。区域分析涉及经济学、政治学、社会学、地理学以及生物学等多门学科。

粮食是人类生存的根本,而耕地资源又是粮食生产的物质基础。但是耕地在中国的分布,无论在数量上还是质量上,都是不均匀的,各区域之间存在着或多或少的差异。耕地是影响区域发展的一个重要因素。不同区域,由于地理位置不同,所以其社会经济发展的条件也各不相同,其构成耕地资源的诸多要素(如气候、水文、日照、土壤、植被、岩石等)都不相同,并且人类活动对耕地资源造成的影响也大不相同,从而导致耕地质量存在巨大的差异。因此,对于不同区域的耕地资源安全问题,其研究方向和研究内容也大不相同,其评价指标的选取也应有所差异。这就要求人们在研究耕地资源安全时,要以区域科学和区域分析理论作为指导,客观地、科学地研究耕地资源安全问题,寻找影响耕地资源安全的因素,从而因地制宜地制定出符合区域发展规律的耕地资源安全保护方针和策略。

3　湖北省耕地资源安全现状及问题分析

3.1　湖北省区域概况

3.1.1　地理位置及行政区划

湖北省，简称"鄂"，地处长江中游，位于中国的中部偏南，省会为武汉。地理坐标为北纬29°05′~33°20′，东经108°21′~116°07′。东西长约740千米，南北宽约470千米。全省总面积约18.59万平方千米，约占中国总面积的1.94%，居全国第14位。北靠河南省，西北与陕西省毗邻，南接湖南省、江西省，东邻安徽省，西连重庆市。现有武汉、孝感、随州、黄石、黄冈、鄂州、宜昌、荆州、荆门、襄阳、咸宁、十堰共12个省辖市，恩施1个自治州，仙桃、潜江、天门3个省辖行政单位，神农架1个林区。

3.1.2　自然条件概况

1. 气候条件

湖北省主要属北亚热带季风湿润气候，具有从亚热带向暖温带过渡的特征。[160]全年春夏秋冬四季分明，光照充足，平均光照在1150~2245小时，无霜期长，平均在230~300天。湖北省全省年平均气温15℃~17℃，7月均温为27℃~29℃，武汉市夏天最高气温可达40℃以上，为中国三大"火炉"之一。全省年均降水量在800~1600毫米，通常情况下冬季降水量最少，夏季降水量最多，时间分布上有明显的季节变化，6月中旬至7月中旬为梅雨季节，雨水较多。由于降水较多，夏季省内多发生洪涝灾害，尤其是以荆州为代表的江汉平原地区。在三峡大坝建成后，洪涝灾害已大大减少。湖北省全年降水充沛、雨热同季、热量和水源丰富、土地肥沃，整体水热条件好，土地适宜性广，对于农业生产非常有利，同时适宜农、林、牧业利用的土地广泛分布，农业生产条件十分优越，自古以来就有"湖广熟，天下足"的民谚。[160~161]

2. 地形地貌条件

湖北省正位于中国地势第二级阶梯向第三级阶梯过渡的地带，地形地貌类型复杂多样，地势高低相差悬殊，省内山地、丘陵、岗地和平原俱全。[162]湖北省地势整体为三面环山、西部分布着大巴山脉，北部分布着大别山、大洪山、武当山山系，中间低平，向南开口的不完整的盆地。首先，省内山地地区面积广阔，所占比重较大，约56%，大致分为四大版块：东北为桐柏山和大别山脉，其主要分布于湖北省、河南省、安徽省交界处；西北为大巴山的东段以及秦岭的东延部分；西南则为云贵高原在东北方向的延伸；东南为幕阜山脉，主要位于湖北省、湖南省、江西省的交界处。西部最高山峰海拔达3105米，为号称"华中屋脊"的神农架最高峰——神农顶。其次，丘陵地区占有很大的比重，面积约占24%，主要分布在湖北省东北部和中部，具体集中在随州、荆门、孝感、黄冈和黄石等地级市。最后，平原湖区也是湖北省的一大特色，面积约占20%，平原湖区主要分布在中部的江汉平原和东部的鄂东沿江平原。江汉平原是湖北省乃至全国重要的粮食、棉花、油菜生产基地，面积有4万多平方千米，是由长江及其最大的支流汉江冲积而成的冲积平原，其与湖南洞庭湖平原连成一片。鄂东沿江平原也是重要的粮棉油生产基地，其范围主要为咸宁市嘉鱼县至黄冈市黄梅县沿长江一带。

3. 水资源条件①

湖北省水力资源丰富，世界第三大河、中国第一大河长江由西向东在湖北省内穿行而过，从鄂西恩施地区巴东县进入省内，穿越大巴山地区，流经江汉平原，形成土壤肥沃的粮仓，在武汉市与汉江合流后，一路向东，从黄石市黄梅县滨江出省。长江在湖北省内穿越26个县市，全长约1038千米。湖北省第二大江

---

① 数据来源：《2017年湖北省水资源公报》。

汉江由陕西省白河县将军河流入湖北省十堰市郧西县，由西北流向东南，途径
13 个县市，在武汉合流于长江，全长约 858 千米。汉江有超过 3/4 在湖北省境
内，与省内其他众多河流，如清江等，共同汇入长江。湖北省内淡水湖泊众多且
分布相当密集，故被称为"千湖省"。众多湖泊主要分布在江汉平原上，星罗棋
布，形成壮观的"江汉湖群"。2017 年湖北省平均降水量为 1309.5 毫米，全省水
资源总量为 1248.76 亿立方米，2017 年评价河长 10822.5 千米，综合评价结果优
于Ⅲ类水(含Ⅲ类水)的河长 9849.1 千米，占 91.0%，161 个国家考核重要江河
湖泊水功能区中有 148 个水功能区达标，达标率为 91.9%，水环境质量稳中有
升。因此，湖北省整体水资源丰富，生活、农业、工业用水充足。

3.1.3 社会经济条件

湖北省位于我国中部，交通条件非常的便利，它承南启北，承东联西，是连
接东西南北的交通枢纽地带，这为湖北省的经济发展创造了良好的条件。

湖北省人口数量较多，截至 2015 年年底，全省常住人口为 5851.5 万人，人
口密度 315 人/平方千米，其中农村人口 2524.92 万人，约占全省的 43.15%；城
镇人口 3326.58 万人，约占全省的 56.85%。城镇人口所占比重大于农村人口，
城镇人口呈上涨趋势。

2015 年度，湖北省生产总值为 29550.19 亿元，占全国的 4.37%，比上年增
长 10.7%。其中第一产业生产总值为 3309.84 亿元，约占全省生产总值的
11.2%，比上年增长 4.7%；第二产业生产总值为 13503.56 亿元，约占全省生产
总值的 45.7%，比上年增长 12.7%；第三产业生产总值为 12736.79 亿元，约占
全省生产总值的 43.1%，比上年增长 12.6%。可以看出第二产业和第三产业共占
湖北省生产总值的 88.8%，第一产业生产总值占比很小。人均地区生产总值约
50653.85 元。

2015 年年末湖北省耕地面积为 3436.24 千公顷，农作物播种面积为 7952.36
千公顷。粮食产量为 2703.28 万吨，比上年增长 4.6%；棉花产量为 29.83 万吨，
比上年减少 17%；油料产量为 339.6 万吨，比上年减少 0.6%。①

---

① 数据来源：2016 年湖北省统计年鉴。

3.2 耕地资源安全现状分析

2015 年，湖北省耕地面积为 3436.24 千公顷，人均耕地面积为 0.84 亩，人均耕地面积只有同期全国人均耕地面积的一半。耕地中水田占 59%，旱地占 41%，有效灌溉面积占 68.7%，旱涝保收面积占 59.18%，耕地主要分布在江汉平原、沿江平原和鄂北岗地。从长期趋势看，湖北省耕地形势十分严峻，我们必须严守耕地红线，使耕地资源数量安全得到保证，只有这样，才能使粮食安全得到保障。

本书将分别从数量安全、质量安全、生态安全三个方面对湖北省耕地资源现状进行分析。

3.2.1 耕地数量安全现状分析

1. 人口快速增长

湖北省近年来人口变化情况如表 3-1、图 3-1、图 3-2 所示。

表 3-1　　　　　　湖北省 2006—2015 年人口变化情况　　　　单位：万人

年份	2006	2007	2008	2009	2010	2011	2012	2013	2014	2015
湖北省总人口[①]	6038.3	6084.9	6110.8	6141.9	6176	6164.1	6165.4	6170.6	6162.3	6138.9
比上一年增加的人口	54.2	46.6	25.9	31.1	34.1	-11.9	1.3	5.2	-8.3	-23.4

从表 3-1 和图 3-1、图 3-2 可以看出，湖北省 2006—2010 年人口数量逐年增长，但增长率逐渐减小，2010—2015 年人口数量呈逐渐下降趋势。

2015 年年末人口为 6138.9 万人，相比 2006 年增加 100.6 万人，增长 1.7%。

---

① 总人口为户籍总人口，2010 年为人口普查户籍人口数。

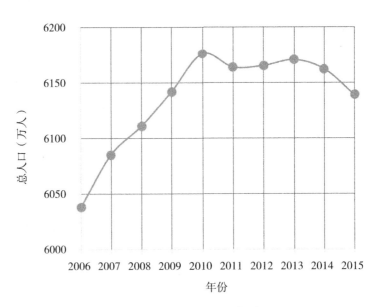

图 3-1　湖北省 2006—2015 年总人口

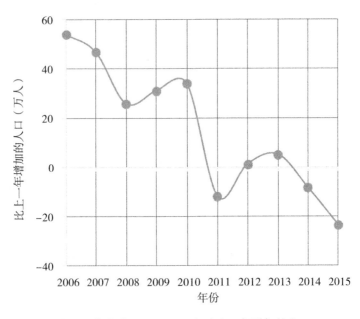

图 3-2　湖北省 2006—2015 年比上一年增加的人口

2. 耕地面积增加，但人均耕地面积偏少

湖北省近年来耕地面积变化情况如表 3-2、图 3-3、图 3-4 所示。

表 3-2　　　　　　　　　　湖北省 2006—2015 年耕地面积

年份	2006	2007	2008	2009	2010	2011	2012	2013	2014	2015
年末耕地面积(千公顷)	3201.66	3226.62	3289.33	3308.53	3323.92	3361.86	3390.06	3409.91	3420.51	3436.24
人均耕地面积(亩)	0.8	0.8	0.81	0.81	0.81	0.82	0.82	0.83	0.83	0.84

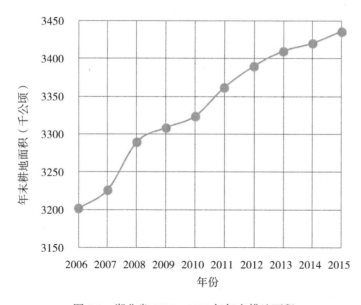

图 3-3　湖北省 2006—2015 年年末耕地面积

从表 3-2 和图 3-3、图 3-4 可知，湖北省 2006—2015 年年末耕地面积和人均耕地面积总体呈增长趋势，但人均耕地面积增长非常缓慢。

2015 年年末耕地面积为 3436.24 千公顷，相比 2006 年增加 234.58 千公顷，增长 7.3%；2015 年年末人均耕地面积为 0.84 亩，相比 2006 年增加 0.04 亩，增长 5%。但同期人均耕地面积只有全国人均耕地面积的一半。

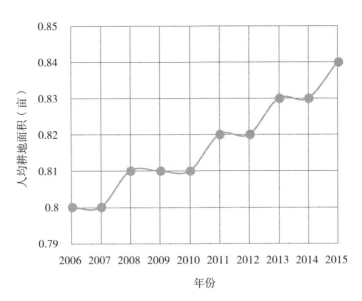

图 3-4 湖北省 2006—2015 年人均耕地面积

3.2.2 耕地质量安全现状分析

1. 有效灌溉面积增加

湖北省近年来有效灌溉面积变化情况如表 3-3、图 3-5、图 3-6 所示。

表 3-3 湖北省 2006—2015 年有效灌溉面积

年份	2006	2007	2008	2009	2010	2011	2012	2013	2014	2015
有效灌溉面积(千公顷)	2056.63	2095.4	2139.41	2145.99	2187.17	2227.63	2252.91	2291.17	2325.84	2359.6
占总耕地面积的百分比(%)	64.24	64.94	65.04	64.86	65.80	66.26	66.46	67.19	68.00	68.67

从表 3-3 和图 3-5、图 3-6 可以看出，湖北省 2006—2015 年有效灌溉面积呈增长趋势，且占总耕地面积的百分比逐渐增大，但 2009 年有效灌溉面积所占比

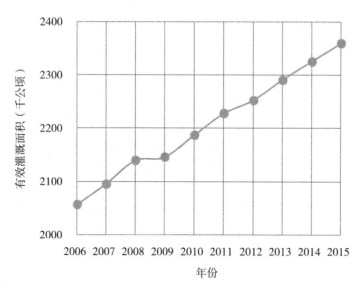

图 3-5 湖北省 2006—2015 年有效灌溉面积

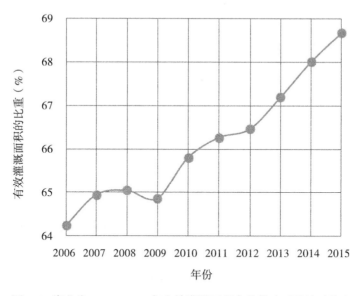

图 3-6 湖北省 2006—2015 年有效灌溉面积占总耕地面积的百分比

重较 2008 年有所下降。

2015 年年末有效灌溉面积为 2359.6 千公顷，相比 2006 年增加 302.97 千公顷,增长 14.73%;占总耕地面积的百分比也由 64.24% 上涨到 68.67%,增加 4.43%。

2. 粮食产量增加

湖北省近年来粮食产量变化情况如表 3-4、图 3-7、图 3-8 所示。

表 3-4   湖北省 2006—2015 年粮食产量

年份	2006	2007	2008	2009	2010	2011	2012	2013	2014	2015
粮食产量 (万吨)	2099.10	2185.44	2227.23	2309.10	2315.80	2388.53	2441.81	2501.30	2584.16	2703.28
人均粮食占 有量(千克)	347.64	359.16	364.47	375.96	374.97	387.49	396.05	405.36	419.35	440.35

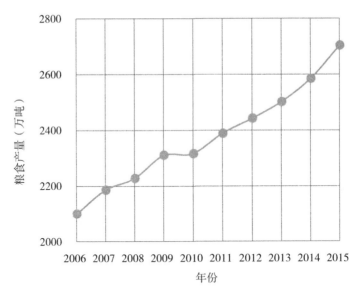

图 3-7 湖北省 2006—2015 年粮食产量

从表 3-4 和图 3-7、图 3-8 可以看出,湖北省 2006—2015 年粮食产量呈上升趋势,人均粮食占有量也呈上升趋势,但在 2010 年人均粮食占有量却比 2009 年少。

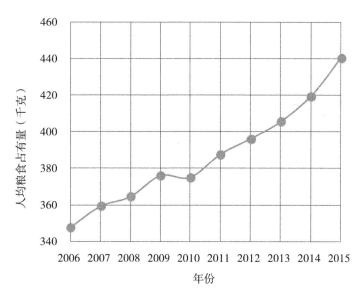

图 3-8　湖北省 2006—2015 年人均粮食占有量

2015 年粮食产量为 2703.28 万吨，相比 2006 年增加 604.18 万吨，增长 28.78%；2015 年人均粮食占有量为 440.35 千克，相比 2006 年增加 92.71 千克，增长 26.67%。

3. 化肥施用量先增加后减少，但总体仍偏多

湖北省近年来化肥施用量变化情况如表 3-5，图 3-9、图 3-10 所示。

表 3-5 　　　　　　　　**湖北省 2006—2015 年化肥施用量**

年份	2006	2007	2008	2009	2010	2011	2012	2013	2014	2015
化肥施用量（万吨）	292.48	299.9	327.66	340.26	350.77	354.89	357.66	351.93	348.27	333.87
每亩化肥施用量(千克)	60.90	61.96	66.41	68.56	70.35	70.38	70.34	68.81	67.88	64.77

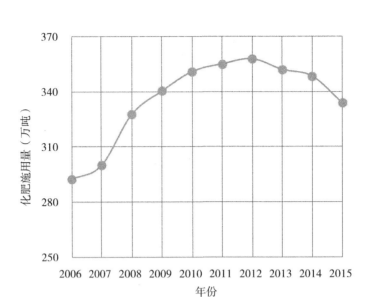

图 3-9　湖北省 2006—2015 年化肥施用量

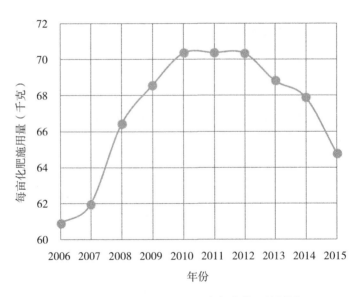

图 3-10　湖北省 2006—2015 年每亩化肥施用量

从表 3-5 和图 3-9、图 3-10 可以看出，湖北省 2006—2012 年化肥施用量呈上升趋势，且上升幅度减慢；2012—2015 年化肥施用量呈下降趋势。2006—2010

年每亩化肥施用量呈上升趋势，2010—2012 年基本持平，2013—2015 年呈下降趋势。

2015 年化肥施用量为 333.87 万吨，相比 2006 年增加 41.39 万吨，增长 14.15%；2015 年每亩化肥施用量为 64.77 千克，比 2006 年增加 3.87 千克，增长 6.35%。

4. 农药使用量先增加后减少，但总体仍偏多

湖北省近年来农药使用量变化情况如表 3-6，图 3-11、图 3-12 所示。

表 3-6 湖北省 2006—2015 年农药使用量

年份	2006	2007	2008	2009	2010	2011	2012	2013	2014	2015
农药使用量（万吨）	13.17	13.56	13.84	13.85	14.00	13.95	13.59	12.72	12.61	12.07
每亩农药使用量(千克)	2.74	2.80	2.81	2.79	2.81	2.77	2.67	2.49	2.46	2.34

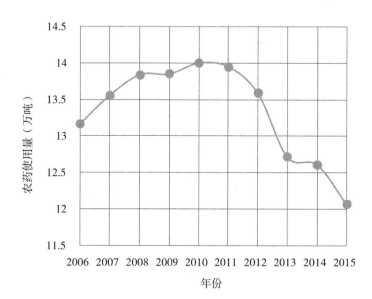

图 3-11 湖北省 2006—2015 年农药使用量

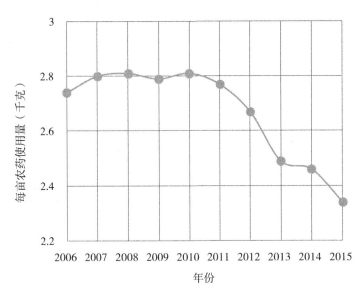

图 3-12　湖北省 2006—2015 年每亩农药使用量

　　从表 3-6 和图 3-11、图 3-12 可以看出,湖北省 2006—2010 年农药使用量呈上升趋势,且上升幅度减慢;2010—2015 年农药使用量呈下降趋势。2006—2008 年每亩农药使用量呈上升趋势,2008—2010 年基本不变,2010—2015 年呈下降趋势。

　　2015 年农药使用量为 12.07 万吨,比 2006 年减少 1.1 万吨,减少 8.35%;2015 年每亩农药使用量为 2.34 千克,比 2006 年减少 0.4 千克,减少 14.6%。

5. 农用塑料薄膜使用量逐年增多

　　湖北省近年来农用塑料薄膜使用量变化情况如表 3-7,图 3-13、图 3-14所示。

表 3-7　　　　　　　　　湖北省 2006—2015 年农用塑料薄膜使用量

年份	2006	2007	2008	2009	2010	2011	2012	2013	2014	2015
农用塑料薄膜使用量(万吨)	5.58	5.84	5.91	6.12	6.38	6.50	6.98	6.63	6.92	7.13
每亩农用塑料薄膜使用量(千克)	1.16	1.21	1.20	1.23	1.28	1.29	1.37	1.23	1.35	1.38

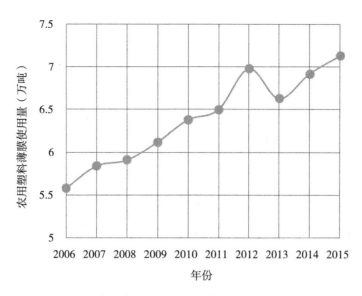

图 3-13　湖北省 2006—2015 年农用塑料薄膜使用量

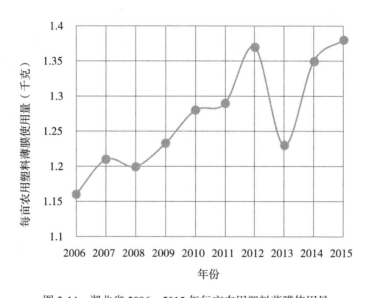

图 3-14　湖北省 2006—2015 年每亩农用塑料薄膜使用量

从表 3-7 和图 3-13、图 3-14 可以看出，湖北省 2006—2015 年农用塑料薄膜使用量总体呈上升趋势，在 2012 年上升幅度最大。2006—2012 年每亩农用塑料薄膜使用量呈上升趋势，2013 年下降，2014 年、2015 年上升，与 2012 年相差不大。

2015 年农用塑料薄膜使用量为 7.13 万吨，相比 2006 年增加 1.55 万吨，增长 27.78%；2015 年每亩农用塑料薄膜使用量为 1.38 千克，相比 2006 年增加 0.22 千克，增长 18.97%。

3.2.3 耕地生态安全现状分析

1. 废水排放总量增加，工业废水排放量先增加后减少

湖北省近年来废水排放总量及工业废水排放量变化情况如表 3-8，图 3-15，图 3-16，图 3-17 所示。

表 3-8 　　　　　　湖北省 2006—2015 年废水排放总量及工业废水排放量

年份	2006	2007	2008	2009	2010	2011	2012	2013	2014	2015
废水排放总量(万吨)	239670	246019	258873.32	265757	270755	293064	290200	294054	301703	313785
工业废水排放量(万吨)	91146	90437	93687	91324	94593	104434	91609	84993	81657	80817
工业废水排放量占废水排放总量的百分比(%)	38.03	36.76	36.19	34.36	34.94	35.634	31.57	28.90	27.07	25.76

从表 3-8 和图 3-15、图 3-16、图 3-17 可以看出，湖北省 2006—2015 年废水排放总量呈上升趋势；2006—2009 年工业废水排放量基本保持不变，2010—2011 年呈上升趋势，2012—2015 年呈下降趋势；2006—2015 年工业废水排放量占废水排放总量的百分比总体呈下降趋势(2009—2011 年存在局部上升)。

2015 年废水排放总量为 313785 万吨，比 2006 年增加 74115 万吨，增长 30.9%；2015 年工业废水排放量为 80817 万吨，比 2006 年减少 10329 万吨，减

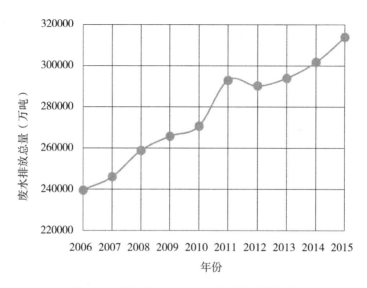

图 3-15 湖北省 2006—2015 年废水排放总量

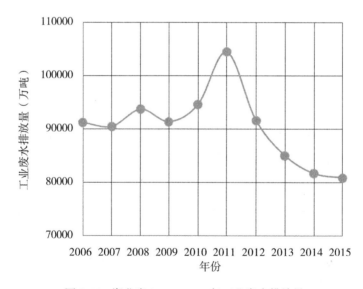

图 3-16 湖北省 2006—2015 年工业废水排放量

少 11.33%；2015 年工业废水排放量占废水排放总量的百分比为 25.76%，比 2006 年减少 12.27%。

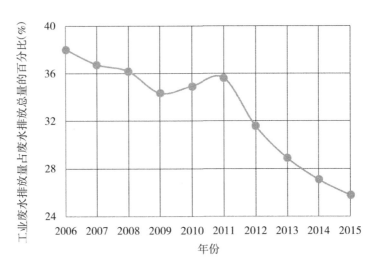

图 3-17 湖北省 2006—2015 年工业废水排放量占废水排放总量的百分比

2. 工业固体废弃物产生量逐年增加，排放量减少，综合利用量增加

湖北省近年来工业固体废弃物产生量、排放量及综合利用量变化情况如表 3-9，图 3-18，图 3-19，图 3-20 所示。

表 3-9 湖北省 2006—2015 年工业固体废弃物产生量、排放量及综合利用量

年份	2006	2007	2008	2009	2010	2011	2012	2013	2014	2015
工业固体废弃物产生量（万吨）	4315	4683.43	5014.17	5561.45	6812.99	7596	7611	8181	8006	7750
工业固体废弃物排放量（万吨）	12	8	5.82	5.12	4.17	16.64	1.06	0.8	0.46	0.5
工业固体废弃物综合利用量（万吨）	3150	3621.06	3853.41	4210.15	5521	6007	5737	6196	6139	5253

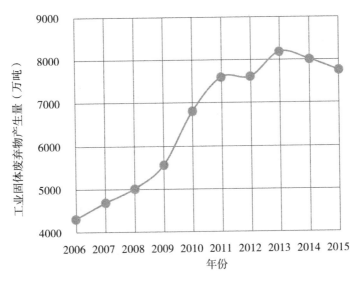

图 3-18 湖北省 2006—2015 年工业固体废弃物产生量

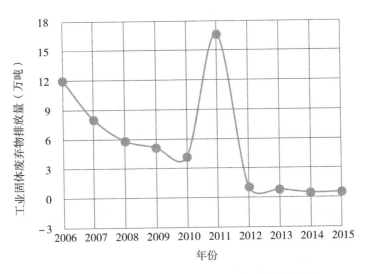

图 3-19 湖北省 2006—2015 年工业固体废弃物排放量

从表 3-9 和图 3-18、图 3-19、图 3-20 可以看出，湖北省 2006—2013 年工业固体废弃物产生量呈上升趋势，且 2011 年后上升幅度减小，2013—2015 年呈下降趋势；2006—2015 年工业固体废弃物排放量呈下降趋势，且下降幅度减小，

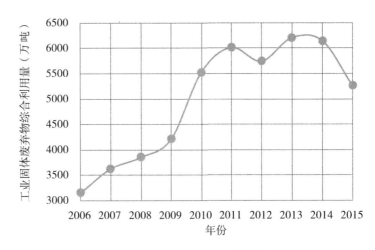

图 3-20　湖北省 2006—2015 年工业固体废弃物综合利用量

2011 年排放量突然上升；2012—2015 年变化不大；2006—2013 年工业固体废弃物综合利用量呈上升趋势，且上升幅度在 2011 年之后减缓，2014—2015 年呈下降趋势。

2015 年工业固体废弃物产生量为 7750 万吨，比 2006 年增加 3435 万吨，增长 79.61%；2015 年工业固体废弃物排放量为 0.5 万吨，比 2006 年减少 11.5 万吨，减少 95.83%；2015 年工业固体废弃物综合利用量为 5253 万吨，比 2006 年增加 2103 万吨，增长 66.76%；2015 年工业固体废弃物利用率为 67.78%，排放率为 0.006%。

3.3　耕地资源安全问题分析

根据上节的分析，再结合调研结果，湖北省耕地资源安全主要存在以下几个问题：

1. 人均耕地少

人口是影响耕地资源安全的一个基本要素，如果人口增长的速度过快，耕地数量增长的速度较人口很慢，在这种情况下，人均耕地占有量就会变少。当人口超出耕地所能承载的人口极限，就会造成人地矛盾升级。湖北省 2015 年人口为 6138.9 万，相比 2006 年增加 100.6 万人，增长 1.7%；耕地面积为 3436.24 千公顷，相比 2006 年增加 234.58 千公顷，增长 7.3%；2015 年人均耕地面积为 0.84 亩，相比 2006 年增加了 0.04 亩，增长 5%，但只有同期全国人均耕地面积的一半。

人口的增长会影响到社会的方方面面。首先，人口的增长会导致对粮食、农产品、肉类等与人类生存密切相关的生活用品的需求增加，这些粮食、农产品增长的需求就需要更多的耕地来满足，从而容易造成人地关系的紧张。其次，人口增长也会带动住房需求的增长，而住房数量的增长又会占用更多的土地资源。同时伴随人口的增长社会还需要配置更多的配套设施，如交通、医疗、教育，这些都会占用越来越多的土地。人们对土地资源的需求过多，不可避免地就会占用耕地，导致耕地减少，大量的耕地资源流失，也会导致粮食等农产品缺乏，导致人地矛盾更加严重。[18]

2. 耕地总体质量堪忧，后备资源缺乏

由于经济的不断发展，大量的农村人口涌入城市，导致工业化和城市化进程不断加速，同时，人口的急速增长，导致越来越多的耕地被占用，耕地总面积和人均占有耕地面积逐步减少。[19]另外，随着农业相对收入的降低，越来越多的农民开始进城打工，从事农业生产的农民越来越少，对耕地的投入和关注也随之减少，导致耕地质量下降，土壤营养不足，收成自然减少。更甚者，在一些地区和村庄，无人耕种，导致耕地大面积荒废，杂草丛生，耕地质量逐渐下降。同时在耕地种植的过程中，农民多重用轻养，为了增产，过量使用化肥、农药和塑料薄膜，较少使用人畜粪便等有机肥料。湖北省 2015 年化肥施用量为 333.87 万吨，相比 2006 年增加 41.39 万吨，增长 14.15%；2015 年每亩化肥施用量为 64.77 千克，比 2006 年增加 3.87 千克，增长 6.35%；2015 年农药使用量为 12.07 万吨，比 2006 年减少 1.1 万吨，减少 8.35%；2015 年每亩农药使用量为 2.34 千克，比 2006 年减少 0.4 千克，减少 14.6%；2015 年农用塑料薄膜使用量为 7.13 万吨，相比 2006 年增加 1.55 万吨，增长 27.78%；2015 年每亩农用塑料薄膜使用量为 1.38 千克，相比 2006 年增加 0.22 千克，增长 18.97%。①

---

① 数据来源：2016 年湖北省农村统计年鉴。

20 世纪 90 年代后，化肥和农用塑料薄膜被大量使用，由于过量部分不能被耕地利用，便会存在于土壤中，致使土壤的养分遭到破坏，平衡性下降，随之耕地的质量不断降低。在国家政策的要求下，近几年来，退耕还林、还湖和城市建设占用耕地等政策逐步实施，对耕地影响很大，但是湖北省的后备耕地资源储量不仅不足且还在逐渐减少。[21]另外，在耕地的后备资源中，各个类型的耕地，其面积比例的差别也非常大，其中，以可用来开垦、复垦和整理的耕地为例，这三种类型耕地之间的比例相差极大。

3. 耕地的生态环境急需改善

湖北省经济在近二十年来发展迅速，人口的增速也越来越快，城镇人口也随之越来越多。城镇化和工业化加快，工厂和企业数量快速增长，造成工业废水、废气、废物的排放量快速增长，城镇生活污水、固体废弃物的到处排放。这些都导致了生态环境的恶化，进而影响了耕地资源的生态环境。湖北省 2015 年废水排放总量为 313785 万吨，比 2006 年增加 74115 万吨，增长 30.9%；2015 年工业废水排放量为 80817 万吨，比 2006 年减少 10329 万吨，减少 11.33%；2015 年工业废水排放量占废水排放总量的百分比为 25.76%，比 2006 年减少 12.27%；同时生活废水排放总量在提升。湖北省 2015 年工业固体废弃物产生量为 7750 万吨，比 2006 年增加 3435 万吨，增长 79.61%；2015 年工业固体废弃物排放量为 0.5 万吨，比 2006 年减少 11.5 万吨，减少 95.83%；2015 年工业固体废弃物综合利用量为 5253 万吨，比 2006 年增加 2103 万吨，增长 66.76%；2015 年工业固体废弃物利用率为 67.78%，排放率为 0.006%。① 虽然工业三废目前的综合利用率在提升，但是之前造成的污染恢复仍需要较长的时间。

同时，随着科学技术的发展，农药使用量和化肥施用量大幅提高，人畜粪便等有机肥使用量大幅度下降，这些都会造成耕地污染，导致耕地生态环境遭到破坏。另外，伴随着经济的发展，人们大力发展禽、畜养殖业，随之而来的就是禽、畜等粪便的排放增加，由于人们对这些粪便的关注不够、处理手段落后，导

---

① 数据来源：2016 年湖北省农村统计年鉴。

致这些畜、禽粪污染周围的生态环境，进而影响到耕地资源的生态环境。[22]

4. 耕地分布不均

湖北省是一个农业大省，全省幅员辽阔，土地总面积约为 18.59 万平方千米。湖北省地形种类较多，地貌复杂多样，全省有山区、丘陵、岗地、平原分布，其显著特点是山地多，高差大。各地形的分布比例如下：山区(海拔 200 米以上)占 44.3%，丘陵岗地区(海拔 50~200 米)占 35.8%，平原地区(海拔 50 米以下)占 19.9%。在耕地总量中，坡度大于 25 度的不宜耕地占耕地总面积的 10.5%。

5. 优质耕地不断减少

随着人口的不断增加和经济的飞速发展，工业化和城市化进程也在不断加速，人们对土地的需求急剧增加，大量的耕地转化为建设用地和居住用地，耕地资源非农化利用的趋势进一步加剧，这使得人均耕地资源拥有量，尤其是优质耕地拥有量不断降低。据历年湖北省统计年鉴和湖北人口统计年鉴资料显示，自中华人民共和国成立以来，湖北省耕地总面积在 1956—1957 年达到最大值，此后逐年递减，且随着时间的推移，耕地面积递减速度增加，至 2000 年湖北省耕地面积减少到 3282.96 千公顷，平均每年减少耕地面积 34.15 千公顷。此外，随着外出务工人员越来越多，务农人员不断减少，再加上农业相对收入较低，农户在农田上的生产投入随之不断减少。由于农田的生产投入减少，农田养分也随之降低，地力也在下降，久而久之，农村甚至出现了大量的耕地撂荒、抛荒现象。这些都导致了耕地资源的稀缺性日益突出。随着经济的快速发展和城市化进程的加快，大量的耕地被占用，转化为建设用地。尽管目前国家实施了占补平衡政策，旨在保持耕地动态平衡，但在实际的操作过程中，大多时候只考虑数量上的平衡，以次充好，忽略了质量上的平衡，未能真正实现数量和质量上的双平衡，这使得优质耕地的数量不断减少。

因此，必须把湖北省耕地资源安全的保护作为一项重点工作，将其提高到全省发展的战略地位上来。

3.4 本章小结

本章首先介绍了湖北省的区域概况，包括地理位置、行政区划、自然条件及社会经济条件；其次从耕地资源数量安全、质量安全、生态安全三个方面对耕地资源安全现状进行了分析；最后初步得出了湖北省耕地资源安全存在的一些问题，主要有：人均耕地少；耕地质量堪忧，后备资源缺乏；耕地的生态环境急需改善；耕地分布不均；优质耕地不断减少。

4 湖北省耕地资源数量-质量-生态安全评价

在上一章对湖北省耕地资源现状进行分析后,本章将建立湖北省耕地资源安全指标体系,分别对耕地数量、质量、生态安全及区域分布规律进行分析和研究。

4.1 湖北省耕地资源数量安全评价

4.1.1 耕地资源数量安全的影响因素

耕地资源数量安全是指一个国家或地区的耕地数量能够持续、稳定地满足该区域人口健康生存和发展的需要。影响耕地资源数量安全的因素主要有以下六个因素:自然因素、人口因素、社会经济因素、国家政策因素、管理因素、自然灾害因素。[74,99]

1. 自然因素

自然因素是首要因素,也是影响耕地资源数量安全最根本的因素之一。自然因素主要指先天因素,自然禀赋差在耕地资源上的主要表现有:耕地资源总量先天不足;耕地资源分布存在结构性的缺陷,不同地区耕地数量有很大区别,质量分布也不合理。一方面,虽然湖北省耕地资源总量较大,但人均耕地面积却只有全国人均耕地面积的一半,人均耕地资源禀赋较差。另一方面,湖北省耕地资源在各个地域分布很不均衡,耕地主要分布在平原地区(如江汉平原),其次为丘陵地区,最后为山区(如恩施、十堰地区)。耕地资源分布的不均衡威胁着耕地资源数量安全。

2. 人口因素

人口快速增长也会影响耕地资源数量安全。人口的增长不仅增加了对粮食的需求，同时也增加了对日常生产生活用品、社会服务设施的需求，这就使得人地矛盾更加突出，耕地资源数量安全受到威胁。

3. 社会经济因素

经济的快速发展会推动社会的快速发展，经济社会的发展将极大地提高人民的收入水平和生活质量，在物质生活提高的同时，社会的文明程度也会得到提高。但在看到这些好的方面的同时也应该注意到，伴随着经济发展的是建设用地面积的大规模增加，优质耕地的大量减少，这些都是经济发展带来的副作用。随着经济发展的提速，大量的耕地会被占用，越来越多的耕地转为建设用地，耕地资源数量锐减，耕地资源数量安全受到的威胁不断加大。[173]

从全球经济发展历程来看，经济发展和耕地资源数量的减少是相互关联的，经济的发展不可避免地要占用耕地，我们既不可能为了快速发展经济而使优质耕地资源消失，也不可能为了保障耕地资源数量安全而让经济发展减速甚至停滞，因此，需要考虑一个最合适、最科学的做法来达到二者的平衡，在保障耕地资源数量安全的同时又能加速经济的发展。

4. 国家政策因素

历史经验表明，国家制定的政策尤其是土地管理方面的政策，对耕地具有很大的影响，尤其会对耕地资源的数量安全造成重大影响。20世纪50年代之后，国家为了增加耕地资源的数量，提高耕地质量，大力施行土地整理政策。进入21世纪以后，国家为了改善生态环境，又出台了一些政策，比如生态退耕还林、退耕还草、退耕还湖，这些政策和措施实施后导致耕地数量大幅度减少。由此可以看出，国家制定的土地政策或多或少都会影响耕地资源的数量安全，这些影响有好的方面，也有坏的方面，且这种影响见效很快。

5. 管理因素

管理因素也是影响耕地资源数量安全的一个重要因素。目前，我国耕地管理比较滞后，主要体现在三个方面：一是耕地资源保护方面相关的法律、法规不健全，很多方面没有法律可参照。现行的这些法律法规或多或少存在一些缺陷，需要进行完善和健全，形成一套完整的法律法规体系；二是耕地资源保护执行力较差，存在大量有法不依、执法不严、违法不究等现象。这主要是由缺乏完整的法律依据，执法人不够客观，缺乏执法所需的足够的人力、资金等造成的；三是合理的耕地资源保护运行机制还比较缺乏。在耕地保护的现实过程中，仍存在很多的不一致。从中央到地方政府，再到农民，三者都有各自的目标，但是目前执行的耕地保护法律、法规并没有很好地满足各方要求。三者权利和义务的分配不合理，导致三者不能齐心协力，执行效率不高，进而造成耕地资源保护效率降低。

6. 自然灾害因素

自然灾害，比如洪涝、干旱、台风、滑坡、泥石流等也会对耕地资源数量安全造成严重威胁，导致耕地资源数量下降。湖北省 2015 年自然灾害具体情况如表 4-1 所示。

表 4-1 湖北省 2015 年自然灾害情况

农作物受灾面积(千公顷)	1115.6
农作物绝收面积(千公顷)	90.5
旱灾受灾面积(千公顷)	117.7
旱灾绝收面积(千公顷)	12.1
洪涝、山体滑坡、泥石流和台风受灾面积(千公顷)	873.7
洪涝、山体滑坡、泥石流和台风绝收面积(千公顷)	74.4
风雹灾害受灾面积(千公顷)	50.5
风雹灾害绝收面积(千公顷)	2.7
低温冷冻和雪灾受灾面积(千公顷)	73.7
低温冷冻和雪灾绝收面积(千公顷)	1.3
自然灾害直接经济损失(亿元)	82.2

4.1.2 耕地资源数量安全指标体系构建

指标的选取是指标体系构建中最重要的环节。在选取指标的过程中，我们需要遵循一定的原则。本书在参考前人指标选取原则的基础上对湖北省的耕地资源安全进行具体分析，决定遵循以下 10 个原则来构建耕地资源安全评价指标体系：[45,99]

(1)科学性原则。评价指标体系的建立一定要遵循科学性原则。选取的各个指标要概念清晰，内涵明确，科学性较强，才能够准确地度量和反映耕地资源安全系统的现状及发展趋势。

(2)客观性原则。评价指标的选取应该遵循客观性原则，要与现在实行的经济核算体系、统计计算的相关标准相一致，要充分考虑所研究区域的耕地资源的实际情况，并且要克服人为主观因素的影响，系统地、客观地、准确地反映研究区域耕地资源的安全状况。

(3)综合性原则。评价指标应包括多方面的因素，主要有自然、人类、社会、经济、发展等，因此评价指标的选取应遵循综合性原则，这样不仅能够全面地反映出耕地资源安全状况，还能够充分地体现出与耕地资源安全相关的粮食安全、生态安全、经济发展以及社会稳定等状况。

(4)可操作性原则。耕地资源安全评价指标应以现有统计体系为基础，应尽量采用能够收集到数据的指标，提高指标体系在数据收集中的可操作性。对现存的数据、统计资料的数据和已有的规范标准应充分利用。假如选取的指标无法在现行的统计资料中找到对应数据，为遵从可操作性，这些指标数据也应该能够通过相应的调查而获得。

(5)实用性原则。评价指标的选取要遵循实用性原则，要紧紧围绕国家和地方政府的政策方针和管理方向，以实际情况为依据，选取最能反映区域特征的指标。

(6)可比性原则。评价指标需要同时具备时间序列上和空间区域上的可比性。因此，在选取评价指标时应借鉴国内外现行的统计标准和规范，选取相一致的指标，以便更全面广泛地进行比较和分析。

(7)全局性原则。在选取评价指标时应从全局出发，尽量选取能够全面、完整地反映耕地资源安全实际情况的指标。

(8)排他性原则。在选取指标时，各个指标之间的独立性与互斥性，是我们特别需要注意的问题。应尽可能地保障各个指标之间的独立性，尽量避免各个指标信息之间的交叉和重叠，从而提高评价结果的科学性和准确性。

(9)非相关性原则。在选取评价指标时，要考虑各个指标之间的相关性，应从相关性较大的多个指标中选取相关性尽量小的指标或者有代表性的指标。

(10)全面性与主导性相结合的原则。在选取评价指标时，由于影响耕地资源安全的因素太多，因此选取指标时要考虑全面，但选取的指标过于全面又会加大收集难度，使研究耗费大量的人力、物力和时间，使研究难度加大，得不偿失。因此，我们在指标选取时应将这两个原则结合起来，既要考虑全面性，又要考虑主导性。

结合研究区域实际情况，根据系统动力学理论、指标选取原则和影响因素，本书最终选取了下述 8 个指标，构建湖北省耕地资源数量安全指标体系，见表4-2。

表 4-2　　　　　　　　　　　**湖北省耕地资源数量安全指标体系**

目标层	指标层
耕地数量安全	D1：年内增加的耕地面积(千公顷)
	D2：农民人均纯收入(元)
	D3：人均耕地面积(亩)
	D4：第一产业总产值占 GDP 比例(%)
	D5：年内减少的耕地面积(千公顷)
	D6：人口密度(人/平方千米)
	D7：GDP 增长率(%)
	D8：城市化水平(%)

在评价体系指标层的 8 个指标中，有 4 个为耕地资源正向性指标，即指标值越大耕地资源安全性越高，另外 4 个为耕地资源负向性指标，指标值越大耕地资源安全性越低。本书对各个指标的具体解释如下：

D1：年内增加的耕地面积(千公顷)：反映当年增加的耕地面积，增加的耕地面积越多，耕地资源数量安全程度就越高，为正趋向。

D2：农民人均纯收入(元)：反映农民人均收入情况，只有收入提高农民在耕地上的付出才会增加。其值越大耕地资源越安全，为正趋向。

D3：人均耕地面积(亩)：反映区域人均占有耕地资源的面积，其值越大，耕地资源数量安全程度越高，为正趋向。其计算公式为：人均耕地面积=耕地面积/总人口。[6]

D4：第一产业总产值占GDP比例(%)：反映农业经济在整个经济中的比重，其值越大，耕地资源越安全，为正趋向。其计算公式为：第一产业总产值占GDP比例=第一产业产值/GDP。

D5：年内减少的耕地面积(千公顷)：反映当年减少的耕地面积，减少的耕地面积越多，耕地资源数量安全程度就越低，为负趋向。

D6：人口密度(人/平方千米)：反映单位面积土地上承载的人口数量，与耕地资源数量安全程度呈负相关，其值越大，安全程度就越低，为负趋向。计算公式为：人口密度=总人口/土地总面积。

D7：GDP增长率(%)：反映经济增长的速度，与耕地资源数量安全程度呈负相关，其值越大，耕地资源数量安全程度就越低，为负趋向。

D8：城市化水平(%)：反映城市化进程对耕地资源数量安全的影响，其计算公式为：城市化水平=城镇人口数量/总人口。其值越大，耕地资源数量安全程度就越低，为负趋向。①

4.1.3　耕地资源数量安全状态解析

依据耕地资源数量安全指标体系和BP神经网络法，本书对湖北省耕地资源数量安全状态进行分析评价。

1. 指标归一化值

本书根据式(1-6)构建指标归一化值，结果见表4-3。②

---

① 关于城市化水平的计算方法较多，目前尚无统一的规定，人口计算法是运用比较多的方法，本书采用此法。

② 数据来源于湖北省统计年鉴，湖北农村统计年鉴，湖北省统计局及国土部门、环境部门的调查数据以及笔者通过这些数据计算整理而得的数据。

表 4-3 湖北省 2006—2015 年耕地资源数量安全体系指标归一化值

指标层	2006	2007	2008	2009	2010	2011	2012	2013	2014	2015
D1	0.77145	0.62331	0.74479	0.81187	0.39131	1.00000	0.70436	0.38142	0.47732	0.63406
D2	0.28870	0.33751	0.39315	0.42514	0.49243	0.58240	0.66293	0.74865	0.91600	1.00000
D3	0.95455	0.96591	0.97727	0.98864	0.98864	1.00000	1.00000	1.00000	1.00000	1.00000
D4	0.95290	0.93953	1.00000	0.88224	0.85614	0.83323	0.81477	0.77785	0.73838	0.71292
D5	0.51719	0.50664	1.00000	0.70916	0.71678	0.75798	0.72065	0.65401	0.84161	0.77616
D6	1.00000	0.99896	0.99684	0.99529	0.99461	0.98870	0.98511	0.98173	0.97884	0.97219
D7	0.57088	0.39910	0.41628	0.61763	0.38362	0.38780	0.66717	0.77933	0.85249	1.00000
D8	1.00000	0.98872	0.96946	0.95239	0.88078	0.84543	0.81888	0.80371	0.78696	0.77062

2. 综合安全值的计算与对比分析

将湖北省 2006—2015 年的耕地资源数量安全指标作为 BP 神经网络的输入层,每个指标即为输入层的神经元。输出层只有 1 个神经元,那就是湖北省 2006—2015 年耕地资源数量安全综合安全值。根据评价指标体系,确定输入层的神经元个数为 8,输出层的神经元个数为 1,样本数为 10,训练样本数为 7,测试样本数为 3。计算结果见表 4-4 和图 4-1。

表 4-4 湖北省 2006—2015 年耕地资源数量安全综合安全值及安全程度

时间	2006	2007	2008	2009	2010	2011	2012	2013	2014	2015
综合安全值	0.52	0.49	0.59	0.62	0.61	0.65	0.71	0.74	0.82	0.86
安全程度	不安全	不安全	不安全	弱安全	弱安全	弱安全	基本安全	基本安全	较安全	较安全

从表 4-4 和图 4-1 可以看出:2006—2015 年,湖北省耕地资源数量安全程度由不安全逐步上升为弱安全、基本安全、较安全,整体处于逐步上升的状态。其中 2006—2008 年为不安全,2009—2011 年为弱安全,2012 年和 2013 年为基本安全,2014 年和 2015 年处于较安全状态。这表明湖北省政府已经实施一些积极

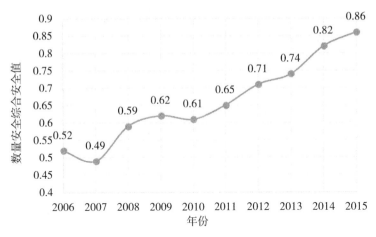

图 4-1　湖北省 2006—2015 年耕地资源数量安全综合安全值

改善耕地资源数量安全的措施，这些措施已初见成效，使得湖北省耕地资源数量安全状况得到改善。但人口的持续增多，城市化进程的加速都会使耕地资源数量安全面临潜在威胁，仍需密切关注。

4.1.4　耕地资源数量安全区域分布规律

本书通过收集湖北省 17 个市州 2015 年相关数据，① 并根据上述指标体系对耕地资源数量安全水平进行计算，得出各市州耕地资源数量安全的综合安全值，以此评价各市州耕地资源数量安全程度，进而揭示湖北省 2015 年耕地资源数量安全的区域分布规律。

本书采用 BP 神经网络法对湖北省 17 个市州耕地资源数量安全程度进行计算及排序，结果见表 4-5。

从表 4-5 可以看出：2015 年，在 17 个市州中，处于较安全状态的有 2 个，分别为黄冈市和孝感市；处于基本安全状态的有 6 个，分别为武汉市、咸宁市、襄阳市、十堰市、仙桃市和神农架林区；处于弱安全状态的有 9 个，分别为随州市、恩施州、宜昌市、黄石市、荆门市、鄂州市、荆州市、天门市及潜江市。

---

① 数据来源于湖北农村统计年鉴，湖北各市州统计年鉴，湖北省统计局及国土部门、环境部门的调查数据以及笔者通过这些数据计算整理而得的数据。

表 4-5 湖北省 17 个市州耕地资源数量安全综合安全值、安全程度及排序

市州	综合安全值	安全程度	排序	市州	综合安全值	安全程度	排序
武汉市	0.7565	基本安全	5	恩施州	0.6521	弱安全	12
黄石市	0.67531	弱安全	10	宜昌市	0.6129	弱安全	16
黄冈市	0.8768	较安全	1	荆州市	0.6278	弱安全	15
鄂州市	0.6015	弱安全	17	荆门市	0.6471	弱安全	13
孝感市	0.8174	较安全	2	仙桃市	0.7088	基本安全	8
咸宁市	0.7994	基本安全	3	天门市	0.6347	弱安全	14
随州市	0.6939	弱安全	9	潜江市	0.6685	弱安全	11
襄阳市	0.7543	基本安全	6	神农架林区	0.7127	基本安全	7
十堰市	0.7848	基本安全	4				

本书进一步分析发现：江汉平原、鄂西南和鄂东南地区耕地资源数量安全程度较低，多为弱安全；鄂东北和鄂西北地区耕地资源数量安全程度较高，多为基本安全及较安全。其区域分布如图 4-2 所示。

图 4-2 湖北省 17 个市州 2015 年耕地资源数量安全分布规律图

4.2 湖北省耕地资源质量安全评价

4.2.1 耕地资源质量安全的影响因素

耕地资源质量安全指一定区域内的耕地资源质量在一定时期内处于一种持续动态平衡状态，在这种状态下，耕地呈现健康的状态，并具有可以提供产出的能力，且这种能力一直保持稳定。[102] 耕地资源质量安全受到诸多因素的影响，主要有：自然因素、耕地利用的社会经济因素、政策因素，还有一些其他因素。[74,99,176]

1. 自然因素

自然因素是指耕地先天性的自然条件，主要包括地形、温度、光照、雨水、土壤肥力和土壤质量等。通常来说，耕地自然条件的优劣对耕地资源质量安全起着决定性的作用：自然条件差的耕地资源质量安全程度就低，相反，自然条件好的耕地资源质量安全程度就高。

2. 耕地利用的社会经济因素

除了自然因素，耕地资源质量安全状况也受耕地利用方式的影响，耕地利用方式是一个影响较大的因素，会对耕地资源质量安全程度产生重要影响，有时甚至起到决定性的作用。比如：耕地整理，主要是对村、路、林、水、田的整体布局进行调整，不仅能提高耕地资源数量安全，也可以提高耕地资源质量安全。正确的耕地利用方式可以提高耕地资源质量安全程度；不合适的耕地利用方式反而会降低耕地资源质量安全程度。目前耕地利用中最突出的一个问题就是过度种植，缺少养护，从而造成一些问题，比如耕地质量下降，土壤质量降低，高质量耕地变为低质量耕地等。过度使用农药、化肥也会造成耕地资源质量的下降，进而降低耕地资源质量安全程度。因此，要加强对耕地的保护，就需要采取一系列手段，包括：投入一定财力、物力和人力，提高农业技术，加快灌排设施的普及与改进、大量使用农业机械、减少化肥农药和农用塑料薄膜的使用等，通过这些措施保护和改善耕地质量，提高耕地资源质量安全。

3. 政策因素

耕地保护政策决定了对耕地保护的程度。合适的耕地保护政策既可以使耕地资源数量不减少甚至增加，又可以保证耕地质量得到提高，与此同时，耕地的综合生产能力也可以得到保障，不但不下降，甚至得到提高。我国目前的耕地保护政策过多地关注于保障耕地数量，而缺少对耕地质量保护的关注，仍需制定更多的耕地质量保护措施来保护耕地资源。因此，耕地保护政策会对耕地资源质量安全产生重大的影响。

4. 其他因素

自然灾害、耕作习惯、传统观念等都会对耕地资源质量安全产生重大的影响。在中国西北地区，过度开垦导致水土流失、沙尘暴，降低了耕地资源质量安全；在沿海地区(比如福建、广东等)，台风、暴雨灾害同样威胁了耕地资源质量安全；在一些山区，农民群众很少使用化肥而更多使用人畜粪便来种植，这种耕作习惯对维持土壤中的养分平衡很有帮助。除了上述这些因素，还有许多其他因素都会影响到耕地资源质量安全。

4.2.2 耕地资源质量安全指标体系构建

结合研究区域实际情况，根据系统动力学理论、耕地资源质量的影响因素和指标选取原则，本书最终选取了 8 个指标，构建湖北省耕地资源质量安全指标体系，见表 4-6。

在评价体系指标层的 8 个指标中，有 4 个为耕地资源正向性指标，即指标值越大耕地资源安全性越高，另外 4 个为耕地资源负向性指标，指标值越大耕地资源安全性越低。本书对各个指标的具体解释如下：

D9：有效灌溉面积(千公顷)：反映有效的灌溉对耕地质量安全的影响。其值越大，耕地资源质量安全程度越高，为正趋向。

D10：人均粮食占有量(千克)：该指标是对某一区域内，耕地资源所承受的压力大小的反映，其计算公式为：人均粮食占有量＝粮食总产量/总人口。人均粮食占有量越大，说明耕地资源质量安全程度越高，为正趋向。

表4-6 湖北省耕地资源质量安全指标体系

目标层	指标层
耕地质量安全	D9：有效灌溉面积(千公顷)
	D10：人均粮食占有量(千克)
	D11：旱涝保收面积(千公顷)
	D12：农业机械总动力(万千瓦)
	D13：化肥施用量(万吨)
	D14：农药使用量(万吨)
	D15：农用塑料薄膜使用量(万吨)
	D16：低洼易涝面积(千公顷)

D11：旱涝保收面积(千公顷)：反映在灾害中不受损的耕地面积，其值越大，耕地资源质量安全程度越高，为正趋向。

D12：农业机械总动力(万千瓦)：在一定程度上反映区域耕地机械化程度，其值越大，耕地资源质量安全程度越高，为正趋向。

D13：化肥施用量(万吨)：反映化肥的使用对耕地资源质量安全的影响。其值越大，耕地资源质量安全程度就越低，为负趋向。

D14：农药使用量(万吨)：反映农药的使用对耕地资源质量安全的影响。其值越大，耕地资源质量安全程度就越低，为负趋向。

D15：农用塑料薄膜使用量(万吨)：农用塑料薄膜的使用会对土壤造成污染，对耕地质量安全构成威胁，其值越大，耕地资源质量安全程度就越低，为负趋向。

D16：低洼易涝面积(千公顷)：指由于地势低洼，降雨径流不能及时排走，形成的受淹农田面积，反映耕地抗涝能力标准程度。该指标值越高，耕地资源质量安全程度就越低，为负趋向。

4.2.3 耕地资源质量安全状态解析

依据耕地资源质量安全指标体系和BP神经网络法，本书对湖北省耕地资源质量安全状态进行了分析评价。

1. 指标归一化值

本书根据式(1-6)构建指标归一化值,结果见表4-7。①

表4-7　　湖北省 2006—2015 年耕地资源质量安全体系指标归一化值

指标层	2006	2007	2008	2009	2010	2011	2012	2013	2014	2015
D9	0.72028	0.73386	0.81608	0.82306	0.83345	0.86004	0.89269	0.97762	1.00000	0.82639
D10	0.79004	0.77922	0.84416	0.87446	0.87662	0.90043	0.91558	0.93290	0.96320	1.00000
D11	0.82947	0.83093	0.80465	0.80297	0.79239	0.85262	0.85845	0.87622	0.92924	1.00000
D12	0.50681	0.57129	0.62635	0.68463	0.75490	0.79974	0.86041	0.91390	0.96135	1.00000
D13	1.00000	0.97526	0.89263	0.85958	0.83382	0.82414	0.81776	0.83107	0.83981	0.87603
D14	0.91648	0.89012	0.87211	0.87148	0.86214	0.86523	0.88815	0.94890	0.95718	1.00000
D15	1.00000	0.95548	0.94416	0.91176	0.87461	0.85846	0.79943	0.84163	0.80636	0.78261
D16	1.00000	0.99083	0.97297	0.94737	0.89627	0.90756	0.90756	0.90756	0.91139	0.93506

2. 综合安全值的计算与对比分析

本书将湖北省 2006—2015 年的耕地资源质量安全指标作为 BP 神经网络的输入层,每个指标即为输入层的神经元。输出层只有 1 个神经元,那就是湖北省 2006—2015 年耕地资源质量安全综合安全值。根据评价指标体系,本书确定输入层的神经元个数为 8,输出层的神经元个数为 1,样本数为 10,训练样本数为 7,测试样本数为 3。计算结果见表4-8 和图 4-3。

从表4-8 和图 4-3 可以看出,湖北省 2006—2015 年耕地资源质量安全情况由不安全逐渐转变为弱安全,整体呈上升趋势。其中,2006—2011年为不安全,

---

① 数据来源于湖北省统计年鉴,湖北农村统计年鉴,湖北省统计局及国土部门、环境部门的调查数据以及笔者通过这些数据计算整理而得的数据。

表 4-8   湖北省 2006—2015 年耕地资源质量安全综合安全值及安全程度

年份	2006	2007	2008	2009	2010	2011	2012	2013	2014	2015
综合安全值	0.47	0.49	0.50	0.53	0.56	0.58	0.61	0.65	0.67	0.68
安全程度	不安全	不安全	不安全	不安全	不安全	不安全	弱安全	弱安全	弱安全	弱安全

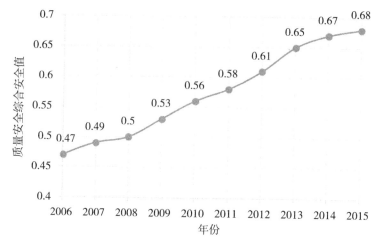

图 4-3   湖北省 2006—2015 年耕地资源质量安全综合安全值

2012—2015 年为弱安全。这表明 2011 年之后，湖北省耕地资源质量安全情况虽然不佳但在逐渐转好。湖北省政府加大了对耕地资源质量安全的重视程度和政策扶持力度，从而使湖北省耕地资源质量安全状况得到改善。但是城市化进程中优质耕地的大量占用，新增耕地的质量不高，化肥、农药等物质的过度使用都会降低耕地资源质量，需给予高度重视。

4.2.4   耕地资源质量安全区域分布规律

本书通过收集湖北省 17 个市州 2015 年相关数据,① 根据前述指标体系对耕

---

①   数据来源于湖北农村统计年鉴，湖北各市州统计年鉴，湖北省统计局及国土部门、环境部门的调查数据以及笔者通过这些数据计算整理而得的数据。

地资源质量安全水平进行计算，得出各市州耕地资源质量安全的综合安全值，以此评价各市州耕地资源质量安全程度，进而揭示湖北省 2015 年耕地资源质量安全程度的区域分布规律。

本书采用 BP 神经网络法对湖北省 17 个市州耕地资源质量安全程度进行计算及排序，结果见表 4-9。

表 4-9　湖北省 17 个市州耕地资源质量安全综合安全值、安全程度及排序

市州	综合安全值	安全程度	排序	市州	综合安全值	安全程度	排序
武汉市	0.6085	弱安全	17	恩施州	0.8521	较安全	4
黄石市	0.7388	基本安全	10	宜昌市	0.7829	基本安全	8
黄冈市	0.6848	弱安全	12	荆州市	0.7978	基本安全	7
鄂州市	0.6201	弱安全	15	荆门市	0.8471	较安全	5
孝感市	0.7067	基本安全	11	仙桃市	0.888	较安全	2
咸宁市	0.758	基本安全	9	天门市	0.8347	较安全	6
随州市	0.6473	弱安全	13	潜江市	0.8685	较安全	3
襄阳市	0.6161	弱安全	16	神农架林区	0.8927	较安全	1
十堰市	0.6362	弱安全	14				

从表 4-9 可以看出：2015 年，在 17 个市州中，处于较安全状态的有 6 个，分别为神农架林区、仙桃市、潜江市、恩施州、荆门市和天门市；处于基本安全状态的有 5 个，分别为黄石市、孝感市、咸宁市、宜昌市和荆州市；处于弱安全状态的有 6 个，分别为武汉市、黄冈市、鄂州市、随州市、襄阳市和十堰市。

笔者进一步分析发现：江汉平原和鄂西南地区耕地资源质量安全程度较高，多为较安全，少数为基本安全；鄂东北和鄂西北地区耕地资源质量安全程度较低，多为弱安全，少数为基本安全。其区域分布如图 4-4 所示。

图 4-4 湖北省 17 个市州 2015 年耕地资源质量安全分布规律图

4.3 湖北省耕地资源生态安全评价

4.3.1 耕地资源生态安全的影响因素

耕地资源的生态安全是指在一定时间和空间内，耕地资源的生态环境不但能够保持自身的功能结构稳定，还可以满足可持续发展的需要，并且耕地资源处于没有被破坏、没有被污染或者受到破坏和污染后，还可以恢复到正常的健康状态。[102]耕地资源生态安全包括三个方面的含义：耕地资源环境安全、耕地资源生态系统安全和耕地资源社会经济安全。依据影响耕地资源生态安全的途径和方式，本书将耕地资源生态安全的影响因素划分为三大类。[74,99,176]

（1）直接因素。指对耕地资源生态系统造成直接影响的因素。比如过量使用农药、化肥、农用塑料薄膜等会对耕地资源生态系统造成直接破坏和污染。

（2）间接因素。间接因素通过影响整个生态安全来间接影响耕地资源生态安全，比如城镇生活污水、工业废水、废气、固体废弃物、人畜粪便等污染物的不合理排放和治理，还有日常生活垃圾的大量排放，且这些垃圾并没有进行合理堆放和及时处理等，这些都是污染源，主要通过污染整个生态系统进而污染耕地资源生态系统，造成耕地资源生态安全度的降低。

(3)社会经济因素。指国家经济政策的调整和经费的投入，比如国家和地方政府财政投入农业的经费、政府及人民群众保护耕地资源生态安全的意识，还有耕地垦殖率、复种指数等，这些因素都会对耕地资源生态安全造成非常重要的影响。

4.3.2　耕地资源生态安全指标体系构建

结合研究区域实际情况，根据系统动力学理论、耕地资源生态安全的影响因素和指标选取原则，本书最终选取了下述 8 个指标，构建湖北省耕地资源生态安全指标体系，具体见表 4-10。

表 4-10　　　　　　　　湖北省耕地资源生态安全指标体系

目标层	指标层
耕地生态安全	D17：工业废水排放达标量(万吨)
	D18：工业固体废物综合利用量(万吨)
	D19：水土流失治理面积(千公顷)
	D20：森林覆盖率
	D21：废水排放量(万吨)
	D22：工业固体废物产生量(万吨)
	D23：二氧化硫排放量(万吨)
	D24：耕地负载(人/亩)

在评价体系指标层的 8 个指标中，有 4 个为耕地资源正向性指标，即指标值越大耕地资源安全性越高，其余 4 个为耕地资源负向性指标，指标值越大耕地资源安全性越低。本书对各个指标的具体解释如下：

D17：工业废水排放达标量(万吨)：反映工业废水经治理后达到排放标准的

数量，其值越大，说明工业废水治理情况越好，耕地资源生态安全程度就越高，为正趋向。

D18：工业固体废物综合利用量(万吨)：反映工业固体废弃物综合利用的程度，其值越大，说明工业固体废弃物利用情况越好，耕地资源生态安全程度就越高，为正趋向。

D19：水土流失治理面积(千公顷)：反映水土流失区域治理情况。该指标值越高，耕地资源生态安全程度就越高，为正趋向。

D20：森林覆盖率：指一个地区森林面积占土地面积的百分比，是反映一个地区森林面积占有情况或森林资源丰富程度或绿化程度的指标。该指标值越高，耕地资源生态安全程度就越高，为正趋向。

D21：废水排放量(万吨)：反映废水的排放情况。废水中含有大量有害化学物质，排放后会污染生态环境，进而间接地影响耕地资源生态安全。该指标值越高，耕地资源生态安全程度就越低，为负趋向。

D22：工业固体废物产生量(万吨)：是工业固体废弃物对耕地资源生态环境污染程度的反映。该指标值越高，耕地资源生态安全程度就越低，为负趋向。

D23：二氧化硫排放量(万吨)：反映二氧化硫对耕地资源生态环境的污染程度。该指标值越高，空气污染越严重，耕地资源生态安全程度就越低，为负趋向。

D24：耕地负载(人/亩)：代表单位面积耕地上需要养活的人口，其值越高，耕地资源生态安全程度就越低，为负趋向。

4.3.3 耕地资源生态安全状态解析

依据耕地资源生态安全指标体系和 BP 神经网络法，本书对湖北省耕地资源生态安全状态进行了分析评价。

1. 指标归一化值

本书根据式(1-6)构建指标归一化值，结果见表4-11。①

---

① 数据来源于湖北省统计年鉴，湖北农村统计年鉴，湖北省统计局及国土部门、环境部门的调查数据以及笔者通过这些数据计算整理而得的数据。

表 4-11　　　湖北省 2006—2015 年耕地资源生态安全体系指标归一化值

指标	2006	2007	2008	2009	2010	2011	2012	2013	2014	2015
D17	0.79409	0.81336	0.84027	0.83875	0.87652	1.00000	0.87720	0.81384	0.78190	0.77386
D18	0.50839	0.58442	0.62192	0.67949	0.89106	0.96950	0.92592	1.00000	0.99080	0.84781
D19	0.75582	0.76720	0.77482	0.80756	0.84691	0.87708	0.86395	0.93993	0.98265	1.00000
D20	0.69792	0.69792	0.69792	1.00000	1.00000	1.00000	1.00000	1.00000	1.00000	1.00000
D21	1.00000	0.97419	0.92582	0.90184	0.88519	0.81781	0.82588	0.81505	0.79439	0.76380
D22	1.00000	0.92133	0.86056	0.77588	0.63335	0.56806	0.56694	0.52744	0.53897	0.55677
D23	0.72553	0.77925	0.82299	0.85648	0.87164	0.82843	0.88593	0.91992	0.94450	1.00000
D24	0.93639	0.95643	0.96186	0.97904	0.98413	0.98277	0.99040	0.99526	0.99815	1.00000

2. 综合安全值的计算与对比分析

本书将湖北省 2006—2015 年的耕地资源生态安全指标作为 BP 神经网络的输入层，每个指标即为输入层的神经元。输出层只有 1 个神经元，那就是湖北省 2006—2015 年耕地资源综合安全值。根据评价指标体系，本书确定输入层的神经元个数为 8，输出层的神经元个数为 1，样本数为 10，训练样本数为 7，测试样本数为 3。计算结果见表 4-12 和图 4-5。

表 4-12　　　湖北省 2006—2015 年耕地资源生态安全综合安全值及安全程度

年份	2006	2007	2008	2009	2010	2011	2012	2013	2014	2015
综合安全值	0.47	0.57	0.52	0.57	0.6	0.61	0.58	0.62	0.65	0.63
安全程度	不安全	不安全	不安全	不安全	弱安全	弱安全	不安全	弱安全	弱安全	弱安全

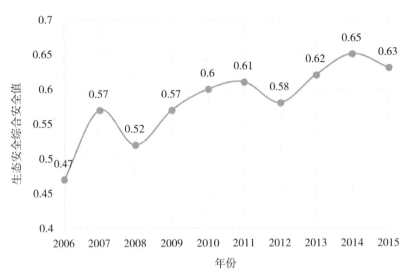

图 4-5　湖北省 2006—2015 年耕地资源生态安全综合安全值

从表 4-12 和图 4-5 可以看出，湖北省 2006—2015 年耕地资源生态安全状态整体处于波动起伏上升趋势，主要为不安全和弱安全。其中，2006—2009 年、2012 年为不安全，2010—2011 年，2013—2015 年为弱安全，表明这十年湖北省耕地资源生态安全状态不佳，但处于相对稳定且缓慢变好的趋势。这得益于湖北省政府对耕地资源生态安全的重视及保护，制定了相关的保护耕地资源生态环境的政策。但是"工业三废"的排放仍然是个大隐患，生活污水和固体废弃物的排放在逐步增多，这会破坏环境进而影响耕地生态安全，同时化肥、农药等过度使用都会对耕地生态安全造成破坏性影响，在今后的治理保护过程中应高度重视，并积极防范。

4.3.4　耕地资源生态安全区域分布规律

本书通过收集湖北省 17 个市州 2015 年相关数据，① 根据本书所构建的指标体系对耕地资源生态安全水平进行计算，得出各市州耕地资源生态安全的综合安

---

① 数据来源于湖北农村统计年鉴，湖北各市州统计年鉴，湖北省统计局及国土部门、环境部门的调查数据以及笔者通过这些数据计算整理而得的数据。

全值，以此评价各市州耕地资源生态安全程度，进而揭示湖北省 2015 年耕地资源生态安全的区域分布规律。

本书采用 BP 神经网络法对湖北省 17 个市州耕地资源生态安全程度进行计算及排序，结果见表 4-13。

表 4-13　湖北省 17 个市州耕地资源生态安全综合安全值、安全程度及排序

市州	综合安全值	安全程度	排序	市州	综合安全值	安全程度	排序
武汉市	0.7808	基本安全	5	恩施州	0.8476	较安全	1
黄石市	0.6727	弱安全	10	宜昌市	0.658	弱安全	12
黄冈市	0.6154	弱安全	16	荆州市	0.6444	弱安全	13
鄂州市	0.6282	弱安全	14	荆门市	0.6206	弱安全	15
孝感市	0.6752	弱安全	8	仙桃市	0.6735	弱安全	9
咸宁市	0.6053	弱安全	17	天门市	0.7643	基本安全	6
随州市	0.663	弱安全	11	潜江市	0.7902	基本安全	3
襄阳市	0.7163	基本安全	7	神农架林区	0.8323	较安全	2
十堰市	0.7829	基本安全	4				

从表 4-13 可以看出：2015 年，在 17 个市州中，生态安全处于较安全状态的有 2 个，分别为恩施州和神农架林区；处于基本安全状态的有 5 个，分别为武汉市、十堰市、襄阳市、潜江市和天门市；处于弱安全状态的有 10 个，分别为黄石市、黄冈市、鄂州市、孝感市、咸宁市、随州市、宜昌市、荆州市、荆门市和仙桃市。

笔者进一步分析发现：鄂西恩施州和神农架林区安全程度较高，为较安全；江汉平原、鄂东北和鄂东南地区耕地资源生态安全程度较低，多为弱安全，少数为基本安全。其区域分布如图 4-6 所示。

图 4-6 湖北省 2015 年 17 个市州耕地资源生态安全分布规律图

4.4 本章小结

本章依据系统动力学理论和数量-质量-生态模型，建立了湖北省耕地资源数量安全-质量安全-生态安全指标体系，采用 BP 神经网络法分别对湖北省耕地资源数量安全、质量安全、生态安全状态进行了评价，并对湖北省 17 个市州 2015 年的耕地资源数量安全、质量安全、生态安全的区域分布规律进行了分析评价，得出了以下结论。

(1)2006—2015 年，湖北省耕地资源数量安全程度由不安全逐步上升为弱安全、基本安全、较安全，整体处于逐步上升的状态。其中 2006—2008 年为不安全，2009—2011 年为弱安全，2012 年和 2013 年为基本安全，2014 年和 2015 年处于较安全状态。这表明湖北省政府已经实施一些积极改善耕地资源数量安全的措施，这些措施已初见成效，使得湖北省耕地资源数量安全状况得到改善。但人口的持续增多，城市化进程的加速都会使耕地资源数量安全面临潜在威胁，仍需密切关注。

(2) 2015年,在17个市州中,数量安全处于较安全状态的有2个,分别为孝感市和黄冈市;处于基本安全状态的有6个,分别为武汉市、咸宁市、襄阳市、十堰市、仙桃市和神农架林区;处于弱安全状态的有9个,分别为随州市、宜昌市、黄石市、恩施州、荆门市、鄂州市、荆州市、天门市及潜江市。江汉平原、鄂西南和鄂东南地区耕地资源数量安全程度较低,多为弱安全;鄂东北和鄂西北地区耕地资源数量安全程度较高,多为基本安全及较安全。

(3) 湖北省2006—2015年耕地资源质量安全情况由不安全逐渐转变为弱安全,整体呈上升趋势。其中,2006—2011年为不安全,2012—2015年为弱安全。这表明湖北省耕地资源质量安全情况虽然不佳但在逐渐转好。湖北省政府加大了对耕地资源质量安全的重视程度和政策扶持力度,从而使湖北省耕地资源质量安全状况得到改善。但是城市化进程中优质耕地的大量占用,新增耕地的质量不高,化肥、农药等物质的过度使用都会降低耕地资源质量,需给予高度重视。

(4) 2015年,在17个市州中,质量安全处于较安全状态的有6个,分别为神农架林区、仙桃市、潜江市、恩施州、荆门市和天门市;处于基本安全状态的有5个,分别为黄石市、孝感市、咸宁市、宜昌市和荆州市;处于弱安全状态的有6个,分别为武汉市、黄冈市、鄂州市、随州市、襄阳市和十堰市。江汉平原和鄂西南地区耕地资源质量安全程度较高,多为较安全,少数为基本安全;鄂东北和鄂西北地区耕地资源质量安全程度较低,多为弱安全,少数为基本安全。

(5) 湖北省2006—2015年耕地资源生态安全状态整体处于波动起伏上升趋势,主要为不安全和弱安全。其中,2006—2009年、2012年为不安全,2010—2011年,2013—2015年为弱安全,表明这十年湖北省耕地资源生态安全状态不佳,但处于相对稳定且缓慢变好的趋势。这得益于湖北省政府对耕地资源生态安全的重视及保护,制定了相关的保护耕地资源生态环境的政策。但是"工业三废"的排放仍然是个大隐患,生活污水和固体废弃物的排放在逐步增多,这会破坏环境进而影响耕地生态安全,同时化肥、农药等过度使用都会对耕地生态安全造成破坏性影响,在今后的治理保护过程中应高度重视,并积极防范。

(6) 2015年,在17个市州中,生态安全处于较安全状态的有2个,分别为恩施州和神农架林区;处于基本安全状态的有5个,分别为武汉市、十堰市、襄阳市、潜江市和天门市;处于弱安全状态的有10个,分别为黄石市、黄冈市、鄂州市、孝感市、咸宁市、随州市、宜昌市、荆州市、荆门市和仙桃市。鄂西恩施州和神农架林区安全程度较高，为较安全；江汉平原、鄂东北和鄂东南地区耕地资源生态安全程度较低，多为弱安全，少数为基本安全。

5 湖北省耕地资源安全综合评价

在上一章建立了湖北省耕地资源数量-质量-生态安全指标体系，分别从数量安全、质量安全、生态安全三个方面对湖北省耕地资源进行评价和分析后，本章将对湖北省总的耕地资源安全状况及湖北省 17 个市州总的区域分布规律进行综合评价，同时对耕地资源数量-质量-生态安全系统的协调发展水平进行研究。

5.1 基于神经网络法的湖北省耕地资源安全评价

5.1.1 湖北省耕地资源安全系统指标体系

在湖北省耕地资源数量安全指标体系、质量安全指标体系、生态安全指标体系的基础上，本书构建目标层、准则层、指标层三个层次，综合选取了下述 24 个指标，构建湖北省耕地资源安全系统指标体系，[74,99,177] 见表 5-1。

表 5-1 湖北省耕地资源安全系统指标体系

目标层	准则层	指标层
湖北省耕地资源安全系统指标体系	耕地数量安全	D1：年内增加的耕地面积(千公顷)
		D2：农民人均纯收入(元)
		D3：人均耕地面积(亩)
		D4：第一产业总产值占 GDP 比例(%)
		D5：年内减少的耕地面积(千公顷)
		D6：人口密度(人/平方千米)
		D7：GDP 增长率(%)
		D8：城市化水平(%)

目标层	准则层	指标层
湖北省耕地资源安全系统指标体系	耕地质量安全	D9：有效灌溉面积(千公顷)
		D10：人均粮食占有量(千克)
		D11：旱涝保收面积(千公顷)
		D12：农业机械总动力(万千瓦)
		D13：化肥施用量(万吨)
		D14：农药使用量(万吨)
		D15：农用塑料薄膜使用量(万吨)
		D16：低洼易涝面积(千公顷)
	耕地生态安全	D17：工业废水排放达标量(万吨)
		D18：工业固体废物综合利用量(万吨)
		D19：水土流失治理面积(千公顷)
		D20：森林覆盖率
		D21：废水排放量(万吨)
		D22：工业固体废物产生量(万吨)
		D23：二氧化硫排放量(万吨)
		D24：耕地负载(人/亩)

本书对选取的 24 个耕地资源安全指标通过灰色关联度分析进行进一步筛选，最后得到与耕地安全关联度较大的因子指标。

1. 灰色关联度的计算

(1)无量纲化指标因子。本书依据式(1-19)对原始数据矩阵进行无量纲化，得到新的归一化矩阵，结果见表 5-2。

表 5-2 　　　　　　　　　　指标归一化值

指标	2006	2007	2008	2009	2010	2011	2012	2013	2014	2015
D1	0.1180	0.0953	0.1139	0.1241	0.0598	0.1529	0.1077	0.0583	0.0730	0.0970

续表

指标	2006	2007	2008	2009	2010	2011	2012	2013	2014	2015
D2	0.0494	0.0577	0.0672	0.0727	0.0842	0.0996	0.1134	0.1280	0.1567	0.1710
D3	0.0967	0.0978	0.0990	0.1001	0.1001	0.1013	0.1013	0.1013	0.1013	0.1013
D4	0.1120	0.1104	0.1175	0.1037	0.1006	0.0979	0.0958	0.0914	0.0868	0.0838
D5	0.1340	0.1368	0.0693	0.0978	0.0967	0.0915	0.0962	0.1060	0.0824	0.0893
D6	0.0989	0.0990	0.0992	0.0994	0.0995	0.1000	0.1004	0.1008	0.1011	0.1017
D7	0.0951	0.1360	0.1304	0.0879	0.1415	0.1400	0.0814	0.0697	0.0637	0.0543
D8	0.0874	0.0884	0.0901	0.0917	0.0992	0.1034	0.1067	0.1087	0.1110	0.1134
D9	0.0849	0.0865	0.0962	0.0970	0.0982	0.1014	0.1052	0.1152	0.1179	0.0974
D10	0.0890	0.0878	0.0951	0.0985	0.0988	0.1014	0.1031	0.1051	0.1085	0.1127
D11	0.0967	0.0969	0.0938	0.0936	0.0924	0.0994	0.1001	0.1022	0.1083	0.1166
D12	0.0660	0.0744	0.0816	0.0892	0.0983	0.1041	0.1120	0.1190	0.1252	0.1302
D13	0.0871	0.0893	0.0976	0.1013	0.1045	0.1057	0.1065	0.1048	0.1037	0.0994
D14	0.0988	0.1017	0.1038	0.1039	0.1050	0.1046	0.1019	0.0954	0.0946	0.0905
D15	0.0872	0.0913	0.0924	0.0956	0.0997	0.1016	0.1091	0.1036	0.1081	0.1114
D16	0.0936	0.0945	0.0962	0.0988	0.1045	0.1032	0.1032	0.1032	0.1027	0.1001
D17	0.0944	0.0967	0.0999	0.0997	0.1042	0.1189	0.1043	0.0968	0.0930	0.0920
D18	0.0634	0.0729	0.0776	0.0847	0.1111	0.1209	0.1155	0.1247	0.1236	0.1057
D19	0.0877	0.0890	0.0899	0.0937	0.0983	0.1018	0.1003	0.1091	0.1141	0.1161
D20	0.0767	0.0767	0.0767	0.1100	0.1100	0.1100	0.1100	0.1100	0.1100	0.1100
D21	0.0864	0.0887	0.0933	0.0958	0.0976	0.1057	0.1046	0.1060	0.1088	0.1131
D22	0.0658	0.0715	0.0765	0.0849	0.1040	0.1159	0.1161	0.1248	0.1222	0.1183
D23	0.1181	0.1099	0.1041	0.1000	0.0983	0.1034	0.0967	0.0931	0.0907	0.0857
D24	0.1044	0.1023	0.1017	0.0999	0.0994	0.0995	0.0988	0.0983	0.0980	0.0978

（2）求绝对差。依据式（1-20）对归一化数据求绝对差，结果见表5-3。

表5-3 指标绝对差

指标	2006	2007	2008	2009	2010	2011	2012	2013	2014	2015
D1	0.0349	0.0576	0.0390	0.0288	0.0931	0.0000	0.0452	0.0946	0.0799	0.0560
D2	0.1217	0.1133	0.1038	0.0983	0.0868	0.0714	0.0576	0.0430	0.0144	0.0000
D3	0.0046	0.0035	0.0023	0.0012	0.0012	0.0000	0.0000	0.0000	0.0000	0.0000
D4	0.0055	0.0071	0.0000	0.0138	0.0169	0.0196	0.0218	0.0261	0.0307	0.0337
D5	0.0028	0.0000	0.0675	0.0391	0.0401	0.0454	0.0406	0.0308	0.0545	0.0475
D6	0.0028	0.0027	0.0025	0.0024	0.0023	0.0017	0.0013	0.0010	0.0007	0.0000
D7	0.0464	0.0055	0.0111	0.0536	0.0000	0.0015	0.0601	0.0719	0.0778	0.0872
D8	0.0260	0.0250	0.0233	0.0216	0.0142	0.0100	0.0067	0.0047	0.0024	0.0000
D9	0.0330	0.0314	0.0217	0.0209	0.0196	0.0165	0.0126	0.0026	0.0000	0.0205
D10	0.0237	0.0249	0.0176	0.0141	0.0139	0.0112	0.0095	0.0076	0.0041	0.0000
D11	0.0199	0.0197	0.0228	0.0230	0.0242	0.0172	0.0165	0.0144	0.0083	0.0000
D12	0.0642	0.0558	0.0487	0.0411	0.0319	0.0261	0.0182	0.0112	0.0050	0.0000
D13	0.0194	0.0172	0.0089	0.0052	0.0021	0.0008	0.0000	0.0017	0.0028	0.0071
D14	0.0062	0.0033	0.0012	0.0011	0.0000	0.0004	0.0031	0.0096	0.0104	0.0145
D15	0.0242	0.0202	0.0191	0.0158	0.0117	0.0098	0.0023	0.0078	0.0033	0.0000
D16	0.0108	0.0100	0.0082	0.0056	0.0000	0.0013	0.0013	0.0013	0.0017	0.0043
D17	0.0245	0.0222	0.0190	0.0192	0.0147	0.0000	0.0146	0.0221	0.0259	0.0269
D18	0.0613	0.0518	0.0471	0.0400	0.0136	0.0038	0.0092	0.0000	0.0011	0.0190
D19	0.0283	0.0270	0.0261	0.0223	0.0178	0.0143	0.0158	0.0070	0.0020	0.0000
D20	0.0332	0.0332	0.0332	0.0000	0.0000	0.0000	0.0000	0.0000	0.0000	0.0000
D21	0.0267	0.0244	0.0198	0.0173	0.0155	0.0075	0.0085	0.0071	0.0044	0.0000
D22	0.0590	0.0534	0.0483	0.0400	0.0209	0.0089	0.0087	0.0000	0.0027	0.0066

续表

指标	2006	2007	2008	2009	2010	2011	2012	2013	2014	2015
D23	0.0000	0.0081	0.0140	0.0181	0.0198	0.0147	0.0214	0.0250	0.0274	0.0324
D24	0.0000	0.0022	0.0028	0.0045	0.0051	0.0049	0.0057	0.0062	0.0065	0.0066

（3）求关联系数。分别取 $\rho=0.1$，$\rho=0.5$，依据关联系数计算公式(1-21)求取关联系数，结果见表5-4、表5-5。

表5-4 指标关联系数($\rho=0.1$)

指标	2006	2007	2008	2009	2010	2011	2012	2013	2014	2015
D1	0.1744	0.2377	0.2972	0.1156	1.0000	0.2120	0.1140	0.1321	0.1786	0.1140
D2	0.0970	0.1049	0.1101	0.1229	0.1455	0.1743	0.2206	0.4585	1.0000	0.0909
D3	0.7790	0.8409	0.9136	0.9136	1.0000	1.0000	1.0000	1.0000	1.0000	0.7255
D4	0.6312	1.0000	0.4678	0.4184	0.3830	0.3585	0.3178	0.2835	0.2650	0.2650
D5	1.0000	0.1527	0.2374	0.2327	0.2114	0.2304	0.2829	0.1826	0.2038	0.1527
D6	0.8169	0.8286	0.8375	0.8414	0.8775	0.9012	0.9249	0.9462	1.0000	0.8113
D7	0.6890	0.5228	0.1849	1.0000	0.8886	0.1682	0.1448	0.1352	0.1224	0.1224
D8	0.3272	0.3435	0.3599	0.4618	0.5481	0.6455	0.7227	0.8379	1.0000	0.3187
D9	0.2794	0.3594	0.3684	0.3826	0.4244	0.4902	0.8218	1.0000	0.3728	0.2695
D10	0.3285	0.4093	0.4624	0.4667	0.5203	0.5613	0.6168	0.7459	1.0000	0.3285
D11	0.3816	0.3482	0.3462	0.3345	0.4145	0.4243	0.4574	0.5959	1.0000	0.3345
D12	0.1789	0.2000	0.2285	0.2760	0.3181	0.4009	0.5204	0.7073	1.0000	0.1593
D13	0.4142	0.5766	0.7013	0.8557	0.9365	1.0000	0.8770	0.8131	0.6319	0.3853
D14	0.7867	0.9102	0.9154	1.0000	0.9701	0.7983	0.5590	0.5386	0.4567	0.4567
D15	0.3763	0.3895	0.4353	0.5093	0.5527	0.8384	0.6089	0.7875	1.0000	0.3343
D16	0.5496	0.5963	0.6834	1.0000	0.9034	0.9034	0.9034	0.8753	0.7373	0.5289

续表

指标	2006	2007	2008	2009	2010	2011	2012	2013	2014	2015
D17	0.3541	0.3904	0.3882	0.4531	1.0000	0.4545	0.3547	0.3193	0.3115	0.3115
D18	0.1901	0.2051	0.2334	0.4724	0.7618	0.5684	1.0000	0.9138	0.3906	0.1656
D19	0.3105	0.3176	0.3526	0.4064	0.4603	0.4352	0.6357	0.8580	1.0000	0.3003
D20	0.2681	0.2681	1.0000	1.0000	1.0000	1.0000	1.0000	1.0000	1.0000	0.2681
D21	0.3324	0.3806	0.4127	0.4395	0.6196	0.5886	0.6310	0.7364	1.0000	0.3129
D22	0.1856	0.2011	0.2333	0.3682	0.5768	0.5831	1.0000	0.8200	0.6491	0.1710
D23	0.5991	0.4653	0.4026	0.3807	0.4534	0.3627	0.3278	0.3077	0.2729	0.2729
D24	0.8475	0.8147	0.7278	0.7060	0.7117	0.6811	0.6632	0.6531	0.6468	0.6468

表5-5　　　　　　　　　　　指标关联系数($\rho=0.5$)

指标	2006	2007	2008	2009	2010	2011	2012	2013	2014	2015
D1	0.5136	0.6092	0.6789	0.3952	1.0000	0.5737	0.3914	0.4322	0.5209	0.3914
D2	0.3493	0.3695	0.3822	0.4120	0.4599	0.5134	0.5859	0.8089	1.0000	0.3333
D3	0.9463	0.9635	0.9814	0.9814	1.0000	1.0000	1.0000	1.0000	1.0000	0.9296
D4	0.8954	1.0000	0.8146	0.7825	0.7563	0.7364	0.6997	0.6642	0.6432	0.6432
D5	1.0000	0.4740	0.6089	0.6026	0.5728	0.5995	0.6636	0.5276	0.5614	0.4740
D6	0.9571	0.9603	0.9626	0.9637	0.9728	0.9785	0.9840	0.9888	1.0000	0.9556
D7	0.9172	0.8456	0.5315	1.0000	0.9755	0.5028	0.4584	0.4387	0.4108	0.4108
D8	0.7086	0.7234	0.7376	0.8109	0.8584	0.9010	0.9287	0.9628	1.0000	0.7005
D9	0.6597	0.7372	0.7447	0.7560	0.7866	0.8278	0.9584	1.0000	0.7483	0.6485
D10	0.7098	0.7760	0.8114	0.8140	0.8443	0.8648	0.8895	0.9362	1.0000	0.7098
D11	0.7552	0.7276	0.7259	0.7153	0.7797	0.7866	0.8082	0.8806	1.0000	0.7153
D12	0.5214	0.5556	0.5970	0.6559	0.6999	0.7699	0.8444	0.9236	1.0000	0.4864
D13	0.7795	0.8719	0.9215	0.9674	0.9866	1.0000	0.9727	0.9560	0.8957	0.7581
D14	0.9485	0.9807	0.9818	1.0000	0.9939	0.9519	0.8637	0.8537	0.8078	0.8078
D15	0.7511	0.7614	0.7940	0.8384	0.8607	0.9629	0.8862	0.9488	1.0000	0.7152

续表

指标	2006	2007	2008	2009	2010	2011	2012	2013	2014	2015
D16	0.8592	0.8807	0.9152	1.0000	0.9791	0.9791	0.9791	0.9723	0.9335	0.8488
D17	0.7327	0.7621	0.7603	0.8055	1.0000	0.8064	0.7332	0.7011	0.6934	0.6934
D18	0.5400	0.5634	0.6035	0.8174	0.9411	0.8682	1.0000	0.9815	0.7622	0.4981
D19	0.6924	0.6995	0.7314	0.7739	0.8100	0.7939	0.8972	0.9680	1.0000	0.6822
D20	0.6468	0.6468	1.0000	1.0000	1.0000	1.0000	1.0000	1.0000	1.0000	0.6468
D21	0.7135	0.7545	0.7784	0.7968	0.8906	0.8774	0.8953	0.9332	1.0000	0.6948
D22	0.5326	0.5573	0.6034	0.7445	0.8720	0.8749	1.0000	0.9579	0.9024	0.5076
D23	0.8820	0.8131	0.7711	0.7545	0.8057	0.7399	0.7091	0.6896	0.6524	0.6524
D24	0.9653	0.9565	0.9304	0.9231	0.9250	0.9144	0.9078	0.9040	0.9015	0.9015

(4)求各因素的关联度 γ_{ij}。依据计算公式(1-23)求取关联度,结果见表5-6。

表5-6 指标关联度

指标	$\rho=0.1$ 的关联度	$\rho=0.5$ 的关联度	指标	$\rho=0.1$ 的关联度	$\rho=0.5$ 的关联度
D1	0.1866	0.5506	D13	0.5499	0.9109
D2	0.2213	0.5215	D14	0.4779	0.9190
D3	0.6639	0.9802	D15	0.4631	0.8519
D4	0.2291	0.7635	D16	0.5852	0.9347
D5	0.1497	0.6084	D17	0.3205	0.7688
D6	0.6302	0.9723	D18	0.4273	0.7575
D7	0.2582	0.6491	D19	0.4096	0.8048
D8	0.4535	0.8332	D20	0.6268	0.8940
D9	0.3761	0.7867	D21	0.4328	0.8334
D10	0.4239	0.8356	D22	0.4168	0.7553
D11	0.3561	0.7894	D23	0.2378	0.7470
D12	0.3382	0.7054	D24	0.4709	0.9230

2. 结果分析及指标选取

按照灰色关联度分析的原则，应在求取的灰色关联度中选择关联度较大且相关性较小的指标。依据表5-6，本书选取关联度大于0.35（$\rho = 0.1$）、大于0.75（$\rho = 0.5$）的指标作为研究湖北省耕地资源安全的最终指标。结果见表5-7。

表5-7   湖北省耕地资源安全指标体系

D3	人均耕地面积(亩)
D6	人口密度(人/平方千米)
D8	城市化水平(%)
D9	有效灌溉面积(千公顷)
D10	人均粮食占有量(千克)
D11	旱涝保收面积(千公顷)
D13	化肥施用量(万吨)
D14	农药使用量(万吨)
D15	农用塑料薄膜使用量(万吨)
D16	低洼易涝面积(千公顷)
D18	工业固体废物综合利用量(万吨)
D19	水土流失治理面积(千公顷)
D20	森林覆盖率
D21	废水排放量(万吨)
D22	工业固体废物产生量(万吨)
D24	耕地负载(人/亩)

5.1.2 耕地资源安全综合评价

1. 指标归一化

本书依据式(1-6)对选取的指标数据矩阵进行无量纲化，得到新的归一化矩阵，结果见表5-8。①

表 5-8　　　　　　　　　　　　指标归一化值

	2006	2007	2008	2009	2010	2011	2012	2013	2014	2015
D3	0.95455	0.96591	0.97727	0.98864	0.98864	1.00000	1.00000	1.00000	1.00000	1.00000
D6	1.00000	0.99896	0.99684	0.99529	0.99461	0.98870	0.98511	0.98173	0.97884	0.97219
D8	1.00000	0.98872	0.96946	0.95239	0.88078	0.84543	0.81888	0.80371	0.78696	0.77062
D9	0.72028	0.73386	0.81608	0.82306	0.83345	0.86004	0.89269	0.97762	1.00000	0.82639
D10	0.79004	0.77922	0.84416	0.87446	0.87662	0.90043	0.91558	0.93290	0.96320	1.00000
D11	0.82947	0.83093	0.80465	0.80297	0.79239	0.85262	0.85845	0.87622	0.92924	1.00000
D13	1.00000	0.97526	0.89263	0.85958	0.83382	0.82414	0.81776	0.83107	0.83981	0.87603
D14	0.91648	0.89012	0.87211	0.87148	0.86214	0.86523	0.88815	0.94890	0.95718	1.00000
D15	1.00000	0.95548	0.94416	0.91176	0.87461	0.85846	0.79943	0.84163	0.80636	0.78261
D16	1.00000	0.99083	0.97297	0.94737	0.89627	0.90756	0.90756	0.90756	0.91139	0.93506
D18	0.50839	0.58442	0.62192	0.67949	0.89106	0.96950	0.92592	1.00000	0.99080	0.84781
D19	0.75582	0.76720	0.77482	0.80756	0.84691	0.87708	0.86395	0.93993	0.98265	1.00000
D20	0.69792	0.69792	0.69792	1.00000	1.00000	1.00000	1.00000	1.00000	1.00000	1.00000
D21	1.00000	0.97419	0.92582	0.90184	0.88519	0.81781	0.82588	0.81505	0.79439	0.76380
D22	1.00000	0.92133	0.86056	0.77588	0.63335	0.56806	0.56694	0.52744	0.53897	0.55677
D24	0.93639	0.95643	0.96186	0.97904	0.98413	0.98277	0.99040	0.99526	0.99815	1.00000

2. 综合安全值计算及对比分析

本书将湖北省2006—2015年的耕地资源安全指标作为BP神经网络的输入层，每个指标即为输入层的神经元。输出层只有1个神经元，那就是湖北省

---

① 数据来源于湖北省统计年鉴，湖北农村统计年鉴，湖北省统计局及国土部门、环境部门的调查数据以及笔者通过这些数据计算整理而得的数据。

2006—2015 年耕地资源综合安全值。根据评价指标体系，本书确定输入层的神经元个数为 16，输出层的神经元个数为 1，样本数为 10，训练样本数为 7，测试样本数为 3。经过计算最终的均方误差为 8.287E-5，达到要求。计算结果见表 5-9 和图 5-1。

表 5-9　　　　　　湖北省耕地资源安全系统综合安全值及安全程度

年份	2006	2007	2008	2009	2010	2011	2012	2013	2014	2015
综合安全值	0.47	0.46	0.49	0.53	0.51	0.56	0.58	0.6	0.64	0.66
安全程度	不安全	不安全	不安全	不安全	不安全	不安全	不安全	弱安全	弱安全	弱安全

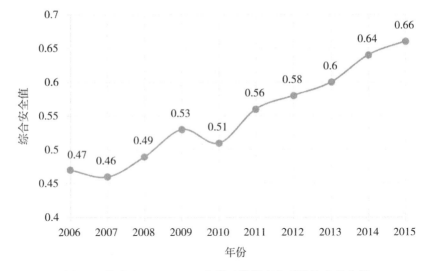

图 5-1　湖北省 2006—2015 年耕地资源安全系统综合安全值

从表 5-9 和图 5-1 可以看出，湖北省 2006—2015 年耕地资源安全系统安全程度整体处于逐步上升趋势，由不安全逐步转变为弱安全，其中 2006—2012 年处于不安全的状态，2013—2015 年处于弱安全状态。这表明湖北省 2006—2015 年耕地资源安全程度较低，多处于不安全状态，急需改善，但是总体趋势在逐步变好。因此，需要进一步采取相关的耕地资源保护措施，来促进湖北省耕地资源安全程度的提升。

5.1.3 耕地资源安全区域分布规律

本书通过收集湖北省 17 个市州 2015 年的相关数据,① 根据本书所构建的指标体系对总耕地资源安全水平进行计算,得出各市州总耕地资源安全的综合安全值,以此评价各市州总耕地资源安全程度,进而揭示湖北省 2015 年总耕地资源安全的区域分布规律。

本书采用 BP 神经网络法对湖北省 17 个市州总耕地资源安全程度进行计算及排序,结果见表 5-10。

表 5-10　湖北省 17 个市州总耕地资源安全综合安全值、安全程度及排序

市州	综合安全值	安全程度	排序	市州	综合安全值	安全程度	排序
武汉市	0.7152	基本安全	11	恩施州	0.7839	基本安全	2
黄石市	0.7289	基本安全	8	宜昌市	0.6846	弱安全	15
黄冈市	0.7256	基本安全	9	荆州市	0.69	弱安全	14
鄂州市	0.6166	弱安全	17	荆门市	0.7049	基本安全	12
孝感市	0.7331	基本安全	7	仙桃市	0.7567	基本安全	4
咸宁市	0.7209	基本安全	10	天门市	0.7445	基本安全	5
随州市	0.668	弱安全	16	潜江市	0.7757	基本安全	3
襄阳市	0.6955	弱安全	13	神农架林区	0.8125	较安全	1
十堰市	0.7346	基本安全	6				

从表 5-10 可以看出:2015 年,在 17 个市州中,处于较安全状态的只有 1 个,为神农架林区;处于基本安全状态的有 11 个,分别为武汉市、黄石市、黄

---

① 数据来源于湖北农村统计年鉴,湖北各市州统计年鉴,湖北省统计局及国土部门、环境部门的调查数据以及笔者通过这些数据计算整理而得的数据。

冈市、孝感市、咸宁市、十堰市、恩施州、荆门市、仙桃市、天门市和潜江市；
处于弱安全状态的有 5 个，分别为鄂州市、随州市、襄阳市、宜昌市、荆州市。
湖北省 17 个市州总的耕地资源安全状况一般，处于较安全的只有 1 个，多数处
于基本安全，少数为弱安全。

笔者进一步分析发现：神农架林区耕地资源安全程度最高，为较安全；其他
地区耕地资源安全程度多为基本安全，少数为弱安全。其区域分布如图 5-2
所示。

图 5-2   湖北省 17 个市州 2015 年总耕地资源安全分布规律图

5.2   基于协调发展理论的湖北省耕地资源安全系统评价

协调度描述的是一种和谐状态，在这种状态下，系统之间或系统要素之间在
发展过程中保持和谐，并且发展程度也一致。它描述的是这样一种趋势：系统由
无序走向有序，但这种趋势并不能完全反映出耕地资源安全的整体功能或综合发
展水平。而协调发展度是度量耕地资源安全协调发展水平高低的定量指标，不仅
可以反映耕地数量、质量、生态三个子系统发展的同步性，更重要的是还可以反

映三个子系统的综合实力水平。

5.2.1 协调发展度计算

1. 消除量纲影响

由于收集的指标众多，数据量很大，而各个指标的量纲又不同，为了便于计算，在收集完数据后，需要对原始数据进行无量纲化处理。目前，无量纲化处理的方法很多，其中直线型无量纲化方法不仅简单而且非常实用，所以本书选取该方法。其计算公式为：

$$q_{ij} = \begin{cases} x_{ij}/\max(x_{ij}) & (\text{当指标为正时}) \\ \min(x_{ij})/x_{ij} & (\text{当指标为负时}) \end{cases} \tag{5-1}$$

式中：x_{ij} 为指标 i 的原始值，$\max(x_{ij})$、$\min(x_{ij})$ 分别为指标 i 的年份最大值和最小值。

2. 权重的确定方法

确定权重的方法基本可以分为两类，一类是主观赋权法，一类是客观赋权法。主观赋权法是采取综合咨询评分的定性方法确定权重，具有主观性与模糊性的特点，任何单个评判者给出的权数都不可避免地带有较浓的"个人色彩"，而客观赋权法是根据指标间的相关关系或指标的变异程度来确定权重的方法。主观赋权法主要有综合指数法、德尔菲法、层次分析法、环比法、模糊综合评判法等；客观赋权法主要有相关系数法、变异系数法、复相关系数法、主成分分析法、因子分析法、熵值法等。经过分析研究，本书采用熵值赋权法来求取权重。

由于耕地资源的特征符合耗散结构，因此可以用耗散结构来对其进行研究。在耗散结构中，控制着整个系统演化过程且支配其他变量变化的参量称为序参量，其大小决定着整个系统有序度的高低。因此，我们可以用序参量来表达系统的演化方向及有序程度。

耕地资源系统的各项功能主要体现为耕地资源数量、耕地资源质量以及耕地

资源生态功能。因此本书在研究耕地资源系统时，将耕地资源的数量变化、质量变化以及生态变化作为序参量。根据耗散结构理论，耕地资源系统安全演化可以通过系统的总熵变来体现，总熵公式为：$d_s=d_ds+d_is$，式中：d_is为系统本身不可逆过程引起的熵增加，d_ds主要反映系统与外界进行物质、能量交换的负熵流。[177~178]依据普利高津的总熵变计算公式$d_s=d_ds+d_is$，可能出现4种熵变：[179~180]（1）$d_ds=0$，熵减为0，即耕地资源系统封闭，系统无法与外界进行物质和能量的熵交换，导致系统内部正熵不断增加，有序度逐渐减弱，系统越来越混乱，最后可能导致整个耕地资源系统退化。（2）$d_ds>0$，耕地资源系统与外界进行物质、能量交换到的为正熵，总$d_s>0$，代表整个耕地资源系统有序度在快速减弱，系统混乱的速度将加快，最终系统逐步走向退化。（3）$d_ds<0$且$|d_ds|<d_is$，耕地资源系统从外界获取的负熵流比系统内部不可逆过程引起的正熵小，负熵不足以克服正熵，总$d_s>0$，代表耕地资源系统有序度仍然较差，无法自组织。（4）$d_ds<0$且$|d_ds|>d_is$，耕地资源系统从外界获取的负熵流大于系统内部不可逆过程引起的正熵，负熵能够克服正熵的增长，总$d_s<0$，代表耕地资源系统出现减熵的现象，耕地资源系统开始自组织过程。

因此，如果$d_ds<0$且$\left|\dfrac{d_ds}{d_is}\right|$越大，说明耕地资源系统从外界获取的物质和能量越多，负熵输入越多，且输入速度加快，耕地资源系统总熵减小的速度也加快，最后耕地资源系统的混乱程度就越低，系统有序度就越高，系统自身发展就越好，安全程度就越高。

依据耕地资源系统的划分，耕地资源系统熵减d_ds主要体现在三个方面：耕地数量变化熵减、耕地质量变化熵减和耕地生态变化熵减。（1）耕地数量变化熵减：表现为耕地数量增加，用d_ds_1表示。通过国家和地方政策可以促进耕地面积的增加，比如土地开发、土地整理和荒地复垦等。（2）耕地质量变化熵减：表现为耕地利用效益良好，用d_ds_2表示。通过一些科学手段，以及追加人力、财力和物力的投入，加快机械化、灌溉化等，可以使耕地资源系统不断与外界进行物质和能量的交换，并且使耕地资源系统的产出水平不断得到提高，且高于投入，从而使农民获得效益。（3）耕地生态变化熵减：表现为耕地资源系统生态功能良好，用 $d_d s_3$ 表示。耕地资源系统的良好生态功能主要表现为气候调节、水源调节、工业三废的治理、水土流失的治理、生态污染的治理等。由此，可以得到耕地资源系统的熵减公式：$d_d s = d_d s_1 + d_d s_2 + d_d s_3$。

依据耕地资源系统的划分，耕地资源系统熵增 $d_i s$ 主要是系统内部不可逆过程造成的熵增加，也体现在三个方面：耕地数量变化熵增、耕地质量变化熵增和耕地生态变化熵增。(1)耕地数量变化熵增：主要为耕地数量减少造成的熵增，表示为 $d_i s_1$。耕地数量减少的原因有在社会经济发展过程中耕地被占用、国家的退耕还林、还草政策等。(2)耕地质量变化熵增：主要表现为耕地利用效益较差，表示为 $d_i s_2$。耕地利用效益较差主要是一些自然因素造成的，如洪灾等。人为过度使用农药、化肥等也会导致土壤质量下降，从而造成耕地质量下降，耕地生产力降低，耕地产出和收益减少。(3)耕地生态变化熵增：表现为耕地资源系统生态功能较差，用 $d_i s_3$ 表示。工业三废、生活污水、固体废弃物等会对生态环境造成破坏，水土流失会对耕地造成破坏，人类过度使用化肥、农药等会使耕地遭受污染破坏，这些都会造成耕地资源系统生态环境变差，进而造成耕地利用效益的降低。由此，可以得到耕地资源系统的熵增公式：$d_i s = d_i s_1 + d_i s_2 + d_i s_3$。

根据耗散结构的特征，要使耕地资源系统的安全程度变高，使系统有序性增强，就要保证 $d_s < 0$，即要保证 $|d_d s| > d_i s$，即 $|d_d s = d_d s_1 + d_d s_2 + d_d s_3| \geqslant d_i s = d_i s_1 + d_i s_2 + d_i s_3$。因此，根据耕地安全系统、耗散结构和信息熵的特点，依据第四章湖北省耕地资源数量–质量–生态安全系统指标体系，本书构建了耕地资源安全系统动态变化熵变模型的指标体系，[74,177] 见表5-11。

下一步本书将依据熵权法的计算步骤计算权重。

3. 数量、质量、生态安全系统综合发展水平

本书采用线性加权和法：

$$X_i = \sum_{j=1}^{m} w_j x_j \tag{5-2}$$

表 5-11   湖北省耕地资源安全系统熵变模型指标体系

目标层	准则层	指标层
耕地数量 熵变 ΔS_1	耕地数量 熵减 $d_d s_1$	D1：年内增加的耕地面积(千公顷)
		D2：农民人均纯收入(元)
		D3：人均耕地面积(亩)
		D4：第一产业总产值占 GDP 比例(%)
	耕地数量 熵增 $d_i s_1$	D5：年内减少的耕地面积(千公顷)
		D6：人口密度(人/平方千米)
		D7：GDP 增长率(%)
		D8：城市化水平(%)
耕地质量 熵变 ΔS_2	耕地质量 熵减 $d_d s_2$	D9：有效灌溉面积(千公顷)
		D10：人均粮食占有量(千克)
		D11：旱涝保收面积(千公顷)
		D12：农业机械总动力(万千瓦)
	耕地质量 熵增 $d_i s_2$	D13：化肥施用量(万吨)
		D14：农药使用量(万吨)
		D15：农用塑料薄膜使用量(万吨)
		D16：低洼易涝面积(千公顷)
耕地生态 熵变 ΔS_3	耕地生态 熵减 $d_d s_3$	D17：工业废水排放达标量(万吨)
		D18：工业固体废物综合利用量(万吨)
		D19：水土流失治理面积(千公顷)
		D20：森林覆盖率
	耕地生态 熵增 $d_i s_3$	D21：废水排放量(万吨)
		D22：工业固体废物产生量(万吨)
		D23：二氧化硫排放量(万吨)
		D24：耕地负载(人/亩)

4. 系统的协调度

式(5-3)是以效益理论和平衡理论为基础建立的。所谓效益理论是指数量安全系统效益、质量安全系统效益、生态安全系统效益这三个子系统的发展必须同步，使综合效益最大。平衡理论是指三种效益处于或保持这样一种平衡状态：在该状态中任何一种效益的增加不能以另一种效益的降低为代价，在这种平衡状态下，表现出的是一种复合效益。通常综合效益用这三种效益之和表示，复合效益用这三种效益之积表示。我们的目标就是在综合效益最大的基础上，求得最大复合效益。[181~183] 为此本书构造以下公式：

$$C = \frac{X \cdot Y \cdot Z}{(X + Y + Z)^2} \tag{5-3}$$

其中，X：数量安全子系统的发展水平；Y：质量安全子系统的发展水平；Z：生态安全子系统的发展水平；C：系统的协调度。

用平均效益指数代替综合效益指数，对 C 进行标准化处理。如式(5-4)所示：

$$C = \left[\frac{X \cdot Y \cdot Z}{((X + Y + Z)/3)^2} \right]^k \tag{5-4}$$

其中 k 为调整系数，一般情况下，$k \geq 2$ 且 $k \leq 5$，本书取 $k = 2$。

协调等级的划分如表 5-12 所示。

表 5-12 协调度等级的划分

协调度	0.9 ~ < 1.0	0.8 ~ < 0.9	0.7 ~ < 0.8	0.6 ~ < 0.7	0.5 ~ < 0.6	0.4 ~ < 0.5	0 ~ < 0.4
协调等级	优质协调	良好协调	中级协调	初级协调	勉强协调	濒临失调	失调

5. 系统的协调发展度

如要衡量数量、质量、生态系统之间的协调关系，协调度是一个比较合适的指标，它不仅可以反映出数量、质量、生态的状况，而且还能反映三者的协调发展程度。[184~185]但如果只用协调度并不能真实反映出数量、质量、生态系统的综合发展水平，为了真实反映出该水平，本书构造了下述协调发展度公式：

$$D = \sqrt{C \cdot F} \qquad (5\text{-}5)$$

其中 F 表示数量、质量、生态系统协调发展系统的综合发展水平。

$$F = (X + Y + Z)/3 \qquad (5\text{-}6)$$

协调发展水平的度量标准如表 5-13 所示。

表 5-13 协调发展水平的度量标准

协调发展水平	0.9 ~ < 1.0	0.8 ~ < 0.9	0.7 ~ < 0.8	0.6 ~ < 0.7	0.5 ~ < 0.6	0.4 ~ < 0.5	0 ~ < 0.4
协调等级	优质协调	良好协调	中级协调	初级协调	勉强协调	濒临失调	失调

6. 协调发展度动态变化函数

设 $D(t)$ 为第 t 年土地利用系统协调发展水平，但是 $D(t)$ 仅是协调发展水平的静态指标，不能反映出系统协调发展的动态变化趋势。因此，为了把握系统协调发展水平的变化态势，特引入协调发展度动态变化函数：

$$\beta(t) = \frac{D(t+1)}{D(t)} \qquad (5\text{-}7)$$

式(5-7) 中：$\beta(t)$ 是系统协调发展指数。若 $\beta(t) < 1$，则系统协调发展状况处于衰退趋势；若 $\beta(t) = 1$，则系统协调发展状况处于平稳发展趋势；若 $\beta(t) > 1$，则系统协调发展状况处于上升趋势。

5.2.2 耕地资源安全协调发展评价

1. 指标无量纲化

本书根据式(5-1)对指标进行无量纲化，其归一化值见表 5-14。

表5-14　湖北省 2006—2015 年耕地资源安全体系指标归一化值

目标层	准则层	指标层	2006	2007	2008	2009	2010	2011	2012	2013	2014	2015
耕地数量熵变 ΔS_1	耕地数量熵减 $d_d s_1$	D1	0.77145	0.62331	0.74479	0.81187	0.39131	1.00000	0.70436	0.38142	0.47732	0.63406
		D2	0.28870	0.33751	0.39315	0.42514	0.49243	0.58240	0.66293	0.74865	0.91600	1.00000
		D3	0.95455	0.96591	0.97727	0.98864	0.98864	1.00000	1.00000	1.00000	1.00000	1.00000
		D4	0.95290	0.93953	1.00000	0.88224	0.85614	0.83323	0.81477	0.77785	0.73838	0.71292
	耕地数量熵增 $d_i s_1$	D5	0.51719	0.50664	1.00000	0.70916	0.71678	0.75798	0.72065	0.65401	0.84161	0.77616
		D6	1.00000	0.99896	0.99684	0.99529	0.99461	0.98870	0.98511	0.98173	0.97884	0.97219
		D7	0.57088	0.39910	0.41628	0.61763	0.38362	0.38780	0.66717	0.77933	0.85249	1.00000
		D8	1.00000	0.98872	0.96946	0.95239	0.88078	0.84543	0.81888	0.80371	0.78696	0.77062
耕地质量熵变 ΔS_2	耕地质量熵减 $d_d s_2$	D9	0.72028	0.73386	0.81608	0.82306	0.83345	0.86004	0.89269	0.97762	1.00000	0.82639
		D10	0.79004	0.77922	0.84416	0.87446	0.87662	0.90043	0.91558	0.93290	0.96320	1.00000
		D11	0.82947	0.83093	0.80465	0.80297	0.79239	0.85262	0.85845	0.87622	0.92924	1.00000
		D12	0.50681	0.57129	0.62635	0.68463	0.75490	0.79974	0.86041	0.91390	0.96135	1.00000
	耕地质量熵增 $d_i s_2$	D13	1.00000	0.97526	0.89263	0.85958	0.83382	0.82414	0.81776	0.83107	0.83981	0.87603
		D14	0.91648	0.89012	0.87211	0.87148	0.86214	0.86523	0.88815	0.94890	0.95718	1.00000
		D15	1.00000	0.95548	0.94416	0.91176	0.87461	0.85846	0.79943	0.84163	0.80636	0.78261
		D16	1.00000	0.99083	0.97297	0.94737	0.89627	0.90756	0.90756	0.90756	0.91139	0.93506

目标层	准则层	指标层	2006	2007	2008	2009	2010	2011	2012	2013	2014	2015
耕地生态熵变 ΔS_3	耕地生态熵减 $d_d s_3$	D17	0.79409	0.81336	0.84027	0.83875	0.87652	1.00000	0.87720	0.81384	0.78190	0.77386
		D18	0.50839	0.58442	0.62192	0.67949	0.89106	0.96950	0.92592	1.00000	0.99080	0.84781
		D19	0.75582	0.76720	0.77482	0.80756	0.84691	0.87708	0.86395	0.93993	0.98265	1.00000
		D20	0.69792	0.69792	0.69792	1.00000	1.00000	1.00000	1.00000	1.00000	1.00000	1.00000
	耕地生态熵增 $d_i s_3$	D21	1.00000	0.97419	0.92582	0.90184	0.88519	0.81781	0.82588	0.81505	0.79439	0.76380
		D22	1.00000	0.92133	0.86056	0.77588	0.63335	0.56806	0.56694	0.52744	0.53897	0.55677
		D23	0.72553	0.77925	0.82299	0.85648	0.87164	0.82843	0.88593	0.91992	0.94450	1.00000
		D24	0.93639	0.95643	0.96186	0.97904	0.98413	0.98277	0.99040	0.99526	0.99815	1.00000

2. 指标权重

本书根据式(1-24)计算熵变的指标权重值,结果见表5-15。

表 5-15　湖北省 *2006—2015* 年耕地资源数量安全体系指标权重值

目标层	准则层	指标层	权重
耕地数量熵变 ΔS_1	耕地数量熵减 $d_d s_1$	D1	0.20338
		D2	0.37766
		D3	0.00062
		D4	0.02726
	耕地数量熵增 $d_i s_1$	D5	0.08994
		D6	0.00020
		D7	0.27859
		D8	0.02235
耕地质量熵变 ΔS_2	耕地质量熵减 $d_d s_2$	D9	0.12695
		D10	0.07132
		D11	0.06179
		D12	0.55443
	耕地质量熵增 $d_i s_2$	D13	0.05886
		D14	0.02979
		D15	0.07827
		D16	0.01859
耕地生态熵变 ΔS_3	耕地生态熵减 $d_d s_3$	D17	0.03340
		D18	0.30912
		D19	0.05840
		D20	0.15024
	耕地生态熵增 $d_i s_3$	D21	0.04585
		D22	0.35238
		D23	0.04811
		D24	0.00250

从表 5-15 可以看出，在耕地数量熵减中，指标 D1 和 D2 权重最大，二者权重都大于 0.2。可知指标 D1：年内增加的耕地面积(千公顷)和 D2：农民人均纯收入(元)在耕地数量熵减中占主要比例。耕地数量熵增中，指标 D7 权重最大，权重大于 0.2，可知指标 D7：GDP 增长率(%)在耕地数量熵增中占主要比例。由此可知，这 3 个指标是影响耕地资源数量安全的主要因素。

在耕地质量熵减中，指标 D12 权重最大，权重达 0.5，其次为 D9。可知指标 D12：农业机械总动力(万千瓦)和 D9：有效灌溉面积(千公顷)在耕地质量熵减中占主要比例。耕地质量熵增中，指标 D13、D14、D15、D16 权重相差不大，都小于 0.1。由此可知指标 D12：农业机械总动力(万千瓦)和 D9：有效灌溉面积(千公顷)对耕地资源质量影响较大。

在耕地生态熵减中，指标 D18 权重最大，权重达 0.3，其次为指标 D20，权重大于 0.15。可知指标 D18：工业固体废物综合利用量(万吨)、D20：森林覆盖率在耕地生态熵减中占主要比例。耕地生态熵增中，指标 D22 权重最大，达0.35，可知指标 D22：工业固体废物产生量(万吨)在耕地生态熵增中占主要比例。因此，在耕地资源生态安全中，影响较大的因素主要有指标 D18：工业固体废物综合利用量(万吨)、D20：森林覆盖率、D22：工业固体废物产生量(万吨)。

3. 湖北省耕地资源数量、质量、生态安全系统综合发展水平

本书根据式(5-2)求取湖北省耕地资源数量、质量、生态安全系统综合发展水平，结果见表 5-16 和图 5-3。

表 5-16　　　　湖北省耕地资源数量、质量、生态安全系统综合发展水平

年份	2006	2007	2008	2009	2010	2011	2012	2013	2014	2015
数量安全系统	0.5206	0.4595	0.5555	0.6076	0.4807	0.6419	0.6856	0.6762	0.7947	0.8924
质量安全系统	0.6630	0.6939	0.7313	0.7615	0.7957	0.8278	0.8627	0.9114	0.9440	0.9524
生态安全系统	0.7681	0.7666	0.7581	0.7938	0.8125	0.8145	0.7989	0.8114	0.8143	0.7783

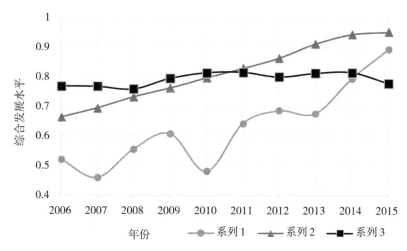

图 5-3 湖北省耕地资源数量、质量、生态安全系统综合发展水平

（系列 1、2、3 分别为数量、质量、生态安全系统）

从表 5-16 和图 5-3 可以看出：2006—2015 年，湖北省耕地资源数量安全系统综合发展水平总体呈波动上升趋势，发展水平从 0.52 上升到 0.89，局部存在下降，2007 年、2010 年为下降低点；2006—2015 年，质量安全系统综合发展水平呈逐步上升趋势，上升幅度较大，发展水平从 0.66 上升到 0.95；2006—2015 年，生态安全系统综合发展水平呈波动起伏状态，上升幅度不大，发展水平在 0.7~0.8 波动。

4. 系统协调度的计算

本书根据式(5-3)计算湖北省耕地资源数量安全、质量安全、生态安全系统协调度，结果见表 5-17 和图 5-4。

表 5-17 湖北省耕地资源数量、质量、生态安全系统协调度

年份	2006	2007	2008	2009	2010	2011	2012	2013	2014	2015
协调度	0.3924	0.3561	0.4394	0.4994	0.4109	0.5574	0.5959	0.6115	0.7116	0.7488
协调等级	失调	失调	濒临失调	濒临失调	濒临失调	勉强协调	勉强协调	初级协调	中级协调	中级协调

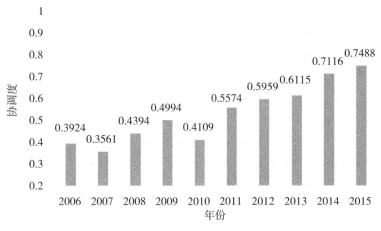

图 5-4 湖北省耕地资源数量、质量、生态安全系统协调度

从表 5-17 和图 5-4 可以看出，2006—2015 年，湖北省耕地资源数量、质量、生态安全系统的协调度由失调逐渐转变为中级协调，总体呈波动上升趋势，协调度范围为 0.3 ~ 0.8。其中 2006—2007 年为失调，2008—2010 年为濒临失调，2011—2012 年为勉强协调，2013 年为初级协调，2014—2015 年为中级协调。这表明湖北省耕地资源安全系统中数量安全子系统、质量安全子系统与生态安全子系统之间协调状况不佳，但总体趋势在逐渐变好，由失调变为中级协调。

5. 系统协调发展度的计算

本书根据式(5-5)计算湖北省耕地资源数量、质量、生态安全系统协调发展度，结果见表 5-18 和图 5-5。

表 5-18　　湖北省耕地资源数量、质量、生态安全系统协调发展度

年份	2006	2007	2008	2009	2010	2011	2012	2013	2014	2015
协调发展度	0.5053	0.4774	0.5473	0.6001	0.5349	0.6515	0.6828	0.6993	0.7782	0.8092
协调等级	勉强协调	濒临失调	勉强协调	初级协调	勉强协调	初级协调	初级协调	初级协调	中级协调	良好协调

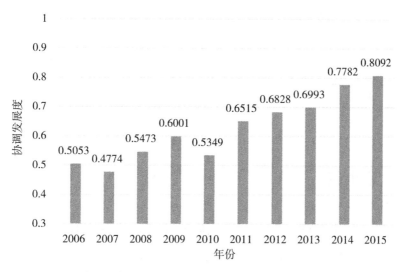

图 5-5　湖北省耕地资源数量、质量、生态安全系统协调发展度

从表 5-18 和图 5-5 可以看出，2006—2015 年，湖北省耕地资源数量、质量、生态安全系统的协调发展度由濒临失调逐渐转变为良好协调，总体呈缓慢上升趋势，协调发展度范围为 0.4~0.9。其中 2007 年为濒临失调，2006 年、2008 年、2010 年为勉强协调，2009 年、2011—2013 年为初级协调，2014 年为中级协调，2015 年为良好协调。这表明 2006—2015 年，湖北省耕地资源安全系统的数量安全子系统、质量安全子系统与生态安全子系统之间的协调发展程度由差转好，呈逐步上升状态，三个子系统中的诸要素逐渐朝着和谐、合理、使总效益最佳的方向发展。

6. 协调发展度动态变化函数

本书根据式(5-7)计算出了湖北省耕地资源数量、质量、生态安全系统协调发展指数，结果见表 5-19。

由表 5-19 可以看出，湖北省 2006—2015 年耕地资源数量、质量、生态安全系统协调发展动态变化趋势为：2007 年、2010 年为衰退趋势，其余年份均为上升趋势。

表 5-19　　　湖北省耕地资源数量、质量、生态安全系统协调发展动态变化

年份	2007	2008	2009	2010	2011	2012	2013	2014	2015
协调发展指数	0.9449	1.1463	1.0964	0.8914	1.2179	1.0481	1.0241	1.1128	1.0398
趋势	衰退	上升	上升	衰退	上升	上升	上升	上升	上升

5.3　本章小结

本章建立了湖北省耕地资源安全系统指标体系。首先通过运用灰色关联度分析，依据关联度的大小，进一步筛选指标，选取了 16 个指标来建立指标体系。然后运用 BP 神经网络法对湖北省耕地资源安全及 17 个市州 2015 年区域分布规律进行了综合研究。最后采用协调发展理论和信息熵法对湖北省耕地资源数量安全、质量安全、生态安全系统进行了协调度和协调发展水平研究。本章结论如下：

(1)湖北省 2006—2015 年耕地资源安全系统安全程度整体处于逐步上升趋势，由不安全逐步转变为弱安全。其中 2006—2012 年处于不安全的状态，2013—2015 年处于弱安全状态。这表明湖北省 2006—2015 年耕地资源安全程度较低，多处于不安全状态，急需改善。但是总体趋势在逐步变好。因此，需要进一步采取相关的耕地资源保护措施，来促进湖北省耕地资源安全程度的提升。

(2)2015 年，在 17 个市州中，处于较安全状态的只有 1 个，为神农架林区；处于基本安全状态的有 11 个，分别为武汉市、黄石市、黄冈市、孝感市、咸宁市、十堰市、恩施州、荆门市、仙桃市、天门市和潜江市；处于弱安全状态的有 5 个，分别为鄂州市、随州市、襄阳市、宜昌市、荆州市。湖北省 17 个市州总的耕地资源安全状况一般，处于较安全的只有 1 个，多数处于基本安全，少数为弱安全。神农架林区耕地资源安全程度最高，为较安全；其他地区耕地资源安全程度多为基本安全，少数为弱安全。

(3)2006—2015 年，湖北省耕地资源数量安全系统综合发展水平总体呈波动上升趋势，发展水平从 0.52 上升到 0.89，局部存在下降，2007 年、2010 年为下

降低点；2006—2015 年，质量安全系统综合发展水平呈逐步上升趋势，上升幅度较大，发展水平从 0.66 上升到 0.95；2006—2015 年，生态安全系统综合发展水平呈波动起伏状态，上升幅度不大，发展水平在 0.7~0.8 波动。

（4）2006—2015 年，湖北省耕地资源数量、质量、生态安全系统的协调度由失调逐渐转变为中级协调，总体呈波动上升趋势，协调度范围为 0.3~0.8。其中 2006—2007 年为失调，2008—2010 年为濒临失调，2011—2012 年为勉强协调，2013 年为初级协调，2014—2015 年为中级协调。这表明湖北省耕地资源安全系统中数量安全子系统、质量安全子系统与生态安全子系统之间协调状况不佳，但总体趋势在逐渐变好，由失调变为中级协调。

（5）2006—2015 年，湖北省耕地资源数量、质量、生态安全系统的协调发展度由濒临失调逐渐转变为良好协调，总体呈缓慢上升趋势，协调发展度范围为 0.4~0.9。其中 2007 年为濒临失调，2006 年、2008 年、2010 年为勉强协调，2009 年、2011—2013 年为初级协调，2014 年为中级协调，2015 年为良好协调。这表明 2006—2015 年，湖北省耕地资源安全系统的数量安全子系统、质量安全子系统与生态安全子系统之间的协调发展程度由差转好，呈逐步上升状态，三个子系统中的诸要素逐渐朝和谐、合理、使总效益最佳的方向发展。

（6）湖北省 2006—2015 年耕地资源数量、质量、生态安全系统协调发展动态变化趋势为：2007 年、2010 年为衰退趋势，其余年份均为上升趋势。

6　结论与讨论

6.1　结论

　　本书以耗散结构理论、系统动力学理论、协调发展理论和区域科学与区域分析理论为基础，首先选取耕地资源数量－质量－生态模型，从耕地的数量、质量以及生态三个方面构建了耕地资源安全的评价体系和量化模型。然后采用 BP 神经网络法，分别从耕地数量、质量、生态三个方面评价了湖北省 2006—2015 年耕地资源安全状况，揭示了 17 个市州 2015 年数量安全、质量安全、生态安全区域分布规律。接着应用灰色关联度分析法对指标体系进行进一步筛选，构造总的耕地资源安全指标体系，并采用 BP 神经网络法研究湖北省总的耕地资源安全状况，解析了 17 个市州 2015 年耕地资源总体安全状况的区域分布规律。最后应用协调发展理论和信息熵法研究了湖北省耕地资源数量安全、质量安全、生态安全系统的协调度和协调发展度。

　　本书结论主要为以下四点：

　　(1)湖北省耕地资源安全存在的主要问题有：①人均耕地少。②耕地总体质量堪忧，后备资源缺乏。③耕地的生态环境急需改善。④耕地分布不均。⑤优质耕地不断减少。

　　(2)2006—2015 年：①湖北省耕地资源数量安全状况由不安全逐步上升为弱安全、基本安全、较安全，整体处于逐步上升的状态；其中 2006—2008 年为不安全，2009—2011 年为弱安全，2012 年和 2013 年为基本安全，2014 年和 2015 年处于较安全状态。②耕地资源质量安全情况由不安全逐渐转变为弱安全，整体呈上升趋势；其中，2006—2011 年为不安全，2012—2015 年为弱安全。③耕地资源生态安全状态整体处于波动起伏上升趋势，主要为不安全和弱安全；其中，2006—2009年、2012年为不安全，2010—2011年和2013—2015年为弱安全。④总的耕地资源安全系统安全程度整体处于逐步上升趋势，由不安全逐步转变为弱安全；其中2006—2012年处于不安全的状态，2013—2015年处于弱安全状态。⑤湖北省耕地资源数量安全状态较好，质量安全、生态安全状态不佳，总的耕地资源安全程度较低，多处于不安全状态，但是总体趋势都在逐步变好。因此质量安全和生态安全需要得到高度重视和改善。

（3）2015年，在17个市州中：①耕地资源数量安全处于较安全状态的有2个，分别为黄冈市和孝感市；处于基本安全状态的有6个，分别为武汉市、咸宁市、襄阳市、十堰市、仙桃市和神农架林区；处于弱安全状态的有9个，分别为黄石市、鄂州市、随州市、恩施州、宜昌市、荆门市、荆州市、天门市及潜江市。江汉平原、鄂西南和鄂东南地区耕地资源数量安全程度较低，多为弱安全；鄂东北和鄂西北地区耕地资源数量安全程度较高，多为基本安全及较安全。②耕地资源质量安全处于较安全状态的有6个，分别为神农架林区、仙桃市、潜江市、恩施州、荆门市和天门市；处于基本安全状态的有5个，分别为黄石市、孝感市、咸宁市、宜昌市和荆州市；处于弱安全状态的有6个，分别为武汉市、黄冈市、鄂州市、随州市、襄阳市和十堰市。江汉平原和鄂西南地区耕地资源质量安全程度较高，多为较安全，少数为基本安全；鄂东北和鄂西北地区耕地资源质量安全程度较低，多为弱安全，少数为基本安全。③耕地资源生态安全处于较安全状态的有2个，分别为恩施州和神农架林区；处于基本安全状态的有5个，分别为武汉市、襄阳市、十堰市、天门市和潜江市；处于弱安全状态的有10个，分别为黄石市、黄冈市、鄂州市、孝感市、咸宁市、随州市、宜昌市、荆州市、荆门市和仙桃市。鄂西恩施州和神农架林区安全程度较高，为较安全；江汉平原、鄂东北和鄂东南地区耕地资源生态安全程度较低，多为弱安全，少数为基本安全。④总的耕地资源安全处于较安全状态的只有1个，为神农架林区；处于基本安全状态的有11个，分别为武汉市、黄石市、黄冈市、孝感市、咸宁市、十堰市、恩施州、荆门市、仙桃市、天门市和潜江市；处于弱安全状态的有5个，分别为鄂州市、随州市、襄阳市、宜昌市、荆州市。湖北省17个市州总的耕地资源安全状况一般，处于较安全的只有1个，多数处于基本安全，少数为弱安全。神农架林区耕地资源安全程度最高，为较安全；其他地区耕地资源安全程度多为基本安全，少数为弱安全。

(4)2006—2015年：①湖北省耕地资源数量安全系统综合发展水平总体呈波动上升趋势，局部存在下降，发展水平从0.52上升到0.89；质量安全系统综合发展水平呈逐步上升趋势，上升幅度较大，发展水平从0.66上升到0.95；生态安全系统综合发展水平呈波动起伏状态，上升幅度不大，发展水平在0.7~0.8波动。②湖北省耕地资源数量、质量、生态安全系统的协调度由失调逐渐转变为中级协调，总体呈波动上升趋势，协调度范围为0.3~0.8。其中2006—2007年为失调，2008—2010年为濒临失调，2011—2012年为勉强协调，2013年为初级协调，2014—2015年为中级协调。③湖北省耕地资源数量、质量、生态安全系统的协调发展度由濒临失调逐渐转变为良好协调，总体呈缓慢上升趋势，协调发展度范围为0.4~0.9。其中2007年为濒临失调，2006年、2008年、2010年为勉强协调，2009年、2011—2013年为初级协调，2014年为中级协调，2015年为良好协调。④协调发展动态变化趋势为：2007年、2010年为衰退趋势，其余年份均为上升趋势。⑤2006—2015年，湖北省耕地资源安全系统的数量安全子系统、质量安全子系统与生态安全子系统之间的协调状况和协调发展程度不佳，但呈逐步变好趋势，2015年协调发展度对应的协调等级已变为中级协调、良好协调，三个子系统中的诸要素正朝着和谐、合理、使总效益最佳的方向发展。

6.2 讨论

(1)依据前文的研究成果，针对湖北省耕地资源安全状况存在的一些问题，以及影响耕地资源安全的因素，下一步可以提出相应的对策建议，以解决湖北省耕地资源安全存在的问题，保障耕地资源能够健康、和谐、可持续地利用。

(2)本书围绕耕地资源数量安全、质量安全和生态安全三个方面，对湖北省的耕地资源安全状况进行了详细分析，虽然这三个方面是耕地资源安全的重要组成部分，但无法完全代表整个耕地资源安全，今后在对耕地资源安全进行综合评价时，应该考虑得更全面一些。

(3)在研究耕地资源安全的过程中，本书只是选取了2006—2015年作为研究时段，导致研究结论缺乏长时间历史数据的支持。由于资料不充分且数据统计口径不同，湖北省相对更长时间、统一规范的序列数据比较缺乏，这也是本书所遇到的最主要的问题之一，这在一定程度上限制了本书研究范围，使本书只停留在初级的研究阶段，深入的研究还需要更多的具体资料作补充。本书对于湖北省耕地资源安全的空间分布特征研究也不够深入，下一步需要进行更加详细的研究。

(4)有些指标对耕地数量、质量、生态中的两个或三个方面同时产生影响，由于不可能把一个指标同时放在两个方面，这就造成了研究结果存在一些误差。因此，在指标方面，可以考虑在数据资料收集更为充分的条件下，更进一步地对评价指标体系进行完善。

参 考 文 献

[1] 中华人民共和国国务院. 中共中央　国务院关于落实发展新理念加快农业现代化实现全面小康目标的若干意见[N]. 中华人民共和国国务院公报, 2015-12-31(1).

[2] 蔡运龙. 我国经济快速发展中的耕地问题[M]. 北京：北京大学出版社, 1997：1-12.

[3] 傅泽强, 蔡运龙, 杨友孝, 等. 中国粮食安全与耕地资源变化的相关分析[J]. 自然资源报, 2001, 16(4)：313-319.

[4] 鲁奇. 中国耕地资源开发、保护与粮食安全保障问题[J]. 资源科学, 1999, 21(6)：5-8.

[5] 陈印军, 黄诗铿. 对中国耕地面积增减数量平衡的思考[J]. 资源科学, 2000, 22(2)：50-53.

[6] 彭婵. 江汉平原耕地资源生态安全评价研究[D]. 武汉：华中师范大学, 2013：19-25.

[7] 叶忱, 黄贤金. 湖北省人口耕地与经济发展关系的研究[J]. 中国人口资源与环境, 2000, 10(4)：71-73.

[8] 李秀彬. 中国近20年耕地面积的变化及其政策启示[J]. 自然资源学报, 1999, 14(4)：329-333.

[9] 燕惠刚, 邹永霞, 刘钦云. 湖南省农业环境污染问题及对策[J]. 农业环境与发展, 1999(4)：31-33.

[10] 黄睿. 土地利用变化与区域生态安全研究——以湖北省安陆市为例[D]. 武汉：华中师范大学, 2007：29-31.

[11] 曾晓舵, 郑习健. 广东省农业生态环境问题与对策[J]. 生态环境, 2004,

13(3)：455-458.

[12]张士功．耕地资源与粮食安全[D]．北京：中国农业科学院，2005：15-18.

[13]余振国，胡小平．我国粮食安全与耕地的数量和质量关系研究[J]．地理与地理信息科学，2003，19(5)：45-49.

[14]段学军，王合生．长江三角洲21世纪食物保障问题及对策[J]．地域研究与开发，2000，19(1)：21-24.

[15]赵其国，周生路，吴绍华，等．中国耕地资源变化及其可持续利用与保护对策[J]．土壤学报，2006(4)：662-672.

[16]倪绍祥，谭少华．江苏省耕地安全问题探讨[J]．自然资源学报，2002，17(3)：307-312.

[17]何格，欧名豪．经济快速增长条件下的区域耕地数量安全——以青岛市为例[J]．南京农业大学学报，2006，29(3)：132-137.

[18]何国松，钟儒刚，彭婵，等．2001—2007年湖北省耕地安全演化分析[J]．中国农学通报，2011，27(3)：476-480.

[19]何蓓蓓．区域耕地资源安全研究[D]．南京：南京农业大学，2009：68-75.

[20]汤进华．湖北省耕地变化与粮食生产的特征分析[J]．水土保持通报，2010，30(2)：79-80.

[21]毛良祥．区域土地资源安全评价研究[D]．南京农业大学，2004：13-15.

[22]常胜．基于生态足迹的湖北省耕地安全研究[J]．湖北民族学院学报(自然科学版)，2008，26(4)：461-464.

[23]陈朝，朱明栋，苗东丽，等．近50年湖北耕地资源时空变化特征分析[J]．甘肃农业，2006(4)：64-65.

[24]付红娜，谭术魁．湖北省近十年耕地生态安全问题及对策研究[J]．国土资源科技管理，2008(1)：155-158.

[25]吴次芳．土地资源安全的概念研究内容及发展方向探讨[M]．北京：中国大地出版社，2004，15-26.

[26]杨桂山．长江三角洲近50年来耕地数量变化过程及驱动力研究[J]．自然资源学报，2001，16(2)：121-127.

[27]王楠君，吴群．省域耕地资源数量安全底线测算的实证研究——以江苏省为

例[J]. 地域研究与开发, 2006, 25(5): 94-97.

[28] 李江, 郭庆胜. 基于信息熵的城市用地结构动态演变分析[J]. 长江流域资源与环境, 2002, 11(5): 393-397.

[29] 刘圣欢, 彭婵. 湖北省 2005—2014 年耕地资源安全研究[J]. 湖北社会科学, 2016, 11: 53-58.

[30] 朱红波. 我国耕地资源生态安全的特征与影响因素分析[J]. 农业现代化研究, 2008(2): 194-197.

[31] 熊鹰, 王克林, 吕辉红. 湖南省农业生态安全与可持续发展初探[J]. 长江流域资源与环境, 2003(5): 433-439.

[32] 沈璇. 四川若尔盖沼泽湿地可持续发展评价及政策建议[D]. 北京: 中央民族大学, 2010: 15-18.

[33] 张华. 论城市化建设与耕地保护[J]. 资源产业, 2000(3): 51-55.

[34] 朱红波. 中国耕地资源安全研究[M]. 成都: 四川大学出版社, 2006: 17-33.

[35] 姚予龙, 谷树忠. 资源安全机理及其经济学解释[J]. 资源科学, 2002, 24(5): 46-51.

[36] 程敦伍, 江功武, 张志华. 国土资源安全研究[J]. 安全与环境工程, 2003, 10(3): 88-91.

[37] 郭凤芝. 土地资源安全评价的几个理论问题[J]. 山西财经大学学报, 2004, 26(3): 61-65.

[38] 宁文波. 陕西省耕地资源安全评价研究[D]. 咸阳: 西北农林科技大学, 2010: 17-20.

[39] 吴文盛, 朱军, 郝志军. 耕地资源的安全评价与预警[J]. 地域研究与开发, 2003, 5(22): 46-50.

[40] 付红娜. 湖北省耕地生态安全评价与预警研究[D]. 武汉: 湖北大学, 2008: 9-15.

[41] 于东升, 张广星, 张忠启, 等. BIO-NORM 与 NORM 耕地质量评价方法对比研究[J]. 土壤学报, 2011, 48(2): 238-245.

[42] 李雪. 陕西省耕地资源安全预警研究[D]. 西安: 西北大学, 2013: 10-11.

［43］胡源．武汉市耕地资源安全评价研究［D］．武汉：华中农业大学，2014：11-16.

［44］葛夕羽．陕西省耕地资源生态安全评价研究［D］．西安：长安大学，2014：9-14.

［45］马晓燕．陇川县耕地资源安全评价研究［D］．昆明：云南大学，2014：11-38.

［46］Lambina E F，Turner B L，Geist J，et al. The causes of land-use and land-cover change：moving beyond the myths［J］. Global Environmental Change，2001，11：261-269.

［47］蒋宗礼．人工神经网络导论［M］．北京：高等教育出版社，2001：10-17.

［48］王伟．人工神经网络原理——入门与应用［M］．北京：北京航空航天大学出版社，1995：8-19.

［49］Evans R. Assessment and monitoring of accelerated water erosion of cultivated land—when will reality be acknowledged［J］. Soil Use and Management，2013（1）：105-118.

［50］Gao Y N，Liu Y Z，Li D，et al. Driving effects of population on cultivated land in Jiangsu Province［J］. Journal of Anhui Agricultural University，2003，30（2）：131-135.

［51］The White House. A national security strategy for a new century［EB/OL］.［2000-01-05］. http：//www. dtic. mi/ doctrinel/USA.

［52］Russian Federation Security Council. Russian national security concept［EB/OL］.［2016-01-28］. http：//www. rusiaeurope. mid. ru/RussiaEurope.

［53］Bakker M M，Govers G，Rounsevell M D A. The crop productivity erosion relationship ran analysis based on experimental work［J］. CATENA，2004，57（1）：55-76.

［54］张立明．人工神经网络的模型及其应用［M］．上海：复旦大学出版社，1993：33-40.

［55］袁曾任．人工神经网络及其应用［M］．北京：清华大学出版社，2001：20-35.

[56]周良臣，康绍忠，贾去茂.BP 神经网络方法在土壤墒情预测中的应用[J].
干旱地区农业研究，2005，23(5)：98-102.

[57]钱茜，王玉秋.我国耕地安全问题及保护措施[J].广东农业科学，2008
(10)：48-50.

[58]陈静彬.粮食安全与耕地保护研究——以湖南省为例[D].长沙：中南大
学，2010：10-15.

[59]胡喜生，洪伟，吴承祯.基于BP 神经网络的福建省耕地预测模型[J].福建
农林大学学报(自然科学版)，2008，37(4)：425-427.

[60]员学锋，吴普特，汪有科.BP 神经网络在耕地减少预测中的应用研究[J].
中国农业资源与区划，2005，26(4)：39-41.

[61]高悦.基于BP 神经网络的耕地自然质量评价研究[D].武汉：华中师范大
学，2012：14-20.

[62]武文红.基于BP 神经网络的半湿润平原井灌区土壤墒情预报研究[D].泰
安：山东农业大学，2010：11-18.

[63]刘廷祥.基于神经网络和遗传算法的耕地分等级评价研究[D].济南：山东
师范大学，2009：12-17.

[64]冯晓利.基于BP 人工神经网络的耕地综合效益研究——以达州市为例[D].
成都：四川师范大学，2013：14-18.

[65]李倩.基于BP 人工神经网络的城市土地集约利用评价研究[D].武汉：华
中师范大学，2011：7-9.

[66]朱红梅，周子英，黄纯，等.BP 人工神经网络在城市土地集约利用评价中
的应用[J].经济地理，2009，29(5)：836-838.

[67]谭术魁，游和远.基于BP 神经网络的湖北省城市土地可持续利用评价[J].
科技进步与对策，2006(10)：147-150.

[68]聂磊.区域生态安全的BP 神经网络评价方法及其应用研究——以巢湖流域
为例[D].合肥：合肥工业大学，2004：11-20.

[69]李明月，赖笑娟.基于BP 神经网络方法的城市土地生态安全评价——以广
州市为例[J].经济地理，2011，31(2)：289-292.

[70]宫继萍，石培基，魏伟.基于BP 人工神经网络的区域生态安全预警——以

甘肃省为例[J]. 干旱地区农业研究，2012，30（1）：211-216.

[71]魏宁宁，荆延德. 基于 BP 神经网络方法的济宁市土地生态安全评价研究
[J]. 广东土地科学，2013，12（4）：37-42.

[72]马志昂，盖艾鸿，程久苗. 基于 BP 人工神经网络的区域土地生态安全评价
研究——以安徽省为例[J]. 中国农学通报，2014，30（23）：289-295.

[73]杨银峰，石培基，吴燕芳. 灰色系统理论模型在耕地需求量预测中的应用
[J]. 统计与决策，2011，9（45）：159-161.

[74]畅建霞，黄强，王义民，等. 基于耗散结构理论和灰色关联熵的水资源系统
演化方向模型研究[J]. 水利学报，2002（11）：107-112.

[75]梁辰. 基于耗散结构的耕地资源系统灰色分析[D]. 北京：中国地质大学，
2010：10-38.

[76]蔡文春，杨德刚. 新疆耕地和粮食灰色关联度分析[J]. 干旱区资源与环境，
2007，21（11）：54-58.

[77]王学萌，罗建军. 灰色系统方法简明教程[M]. 成都：成都科技大学出版社，
1993：20-39.

[78]陆文彬，倪羌莉，陈健. 灰色关联度在耕地质量评价中的应用——以徐州市
土地复垦项目为例[J]. 技术方法研究，2006，23（4）：91-94.

[79]吕焕哲，张建新，胡姝芳，等. 灰色关联度分析在土地复垦耕地质量评价中
的应用[J]. 农业现代化研究，2009，30（5）：591-594.

[80]高卫东，张梅荣，汤均博. 基于灰色系统理论的耕地动态变化规律[J]. 安
徽农业科学，2006，34（4）：764-766.

[81]贾宏俊，万荣荣. 灰色系统在耕地预测中的应用——以芜湖市为例[J]. 地
域研究与开发，2002，21（4）：55-59.

[82]陈树德. 用 Excel 解灰色系统问题[J]. 彭城职业大学学报，2001，16（3）：
96-102.

[83]张妍，杨志峰，何孟常，等. 基于信息熵的城市生态系统演化分析[J]. 环
境科学学报，2005，25（8）：127-134.

[84]谭永忠，吴次芳. 区域土地利用结构的信息熵分异规律研究[J]. 自然资源
报，2003，18（1）：112-116.

[85]王晓明，许玉，王秀珍，等. 运用层次分析法的水质指标和环境保护措施研究[J].黑龙江水专学报，2005，32（4）：130-133.

[86]王伟娜. 基于信息熵的哈尔滨市耕地利用系统安全评价研究[D]. 哈尔滨：东北农业大学，2012：35-37.

[87]闫沛禄. 基于信息熵的酒泉市土地利用结构分析及其灰色预测[J]. 甘肃农业大学学报，2011（6）：129-134.

[88]耿海青，谷树忠. 基于信息熵的城市居民家庭能源消费结构演变分析[J]. 自然资源学报，2004，19（2）：257-262.

[89]谭永忠，吴次芳. 区域土地利用结构的信息熵分异规律研究[J]. 自然资源学报，2003，18（1）：112-116.

[90]曾钢，焦霄黎. 信息熵与分形理论在城市土地利用结构合理性分析中的应用[J]. 科协论坛，2007（4）：7-8.

[91]李文波，杨钢桥. 基于信息熵的城市土地利用结构演变分析——以武汉市为例[J]. 国土资源科技管理，2007（4）：96-100.

[92]乔家君. 改进的熵值法在河南省可持续发展能力评估中的应用[J]. 资源科学，2004，16（1）：113-119.

[93]任家强，孙萍，于欢. 基于PSR和熵值法的县域耕地资源安全评价——以辽宁省辽阳县为例[J]. 国土资源科技管理，2014，31（3）：14-17.

[94]李灿，张凤荣，朱泰峰，等. 基于熵权TOPSIS模型的土地利用绩效评价及关联分析[J]. 农业工程学报，2013（5）：217-227.

[95]陈向新，孙薇薇. 简析信息熵[J]. 宜春学院学报（自然科学），2002，24（6）：13-14.

[96]李纯乾，林素兰，柳金库. 层次分析法在辽东山区坡耕地生态安全评价中的应用[J]. 辽宁农业科学，2011（5）：29-33.

[97]耿红，唐旭，马玲. 基于信息熵的城市土地利用结构合理性分析[J]. 国土资源科技管理，2006（1）：84-87.

[98]王军. 石家庄市耕地动态变化与生态安全评价研究[D]. 石家庄：河北师范大学，2008：12-21.

[99]朱红波. 中国耕地资源安全研究[D]. 武汉：华中农业大学，2006：10-45.

[100]李劲峰.江汉平原四湖地区耕地的数量与质量变化分析[J].资源科学,
2002,24(1):40-44.

[101]葛全胜,戴君虎,何凡能,等.过去30年中国部分省区耕地资源数量变化
及驱动因素分析[J].自然科学进展,2003,13(8):35-43.

[102]陈朝,吕昌河.基于综合指数的湖北省耕地质量变化分析[J].自然资源学
报,2010,25(12):2019-2029.

[103]周旭.我国生态安全评价研究综述[J].西华师范大学学报(自然科学版),
2007,3(3):200-206.

[104]彭少麟,郝艳茹,陆宏芳,等.生态安全的涵义与尺度[J].中山大学学报
(自然科学版),2004,43(6):27-31.

[105]崔和瑞,赵黎明,薛庆林.基于耗散结构理论的区域农业可持续发展系统
分析[J].系统辩证学学报,2005,13(1):60-65.

[106]王礼刚.可持续发展理论的现状分析及路径反思[J].兰州商学院学报,
2005,21(3):32-35.

[107]王琳.莱州湾南岸平原土地利用/覆被变化及其驱动机理研究[D].济南:
山东师范大学,2004:30-32.

[108]王显明,秦华,李田,等.AHP法评价景观资源因子——以重庆市西水河
石堤风景名胜区为例[J].西南师范大学学报(自然科学版),2009,34
(5):166-170.

[109]杜占江,王金娜,肖丹.构建基于德尔菲法与层次分析法的文献信息资源
评价指标体系[J].现代情报,2011,31(10):9-14.

[110]周玉刚,臧淑英.系统动力学模型在土地资源研究中的应用——以大庆市
地区为例[J].国土与自然资源研究,2008(2):35-37.

[111]何春阳,史培军,陈晋,等.基于系统动力学模型和元胞自动机模型的土
地利用情景模型研究[J].中国科学地球科学,2005,35(5):464-473.

[112]黄凌翔,郝玉娜,白璐.利用系统动力学模型研究土地政策宏观调控机制
[J].湖南农业科学,2011(9):61-64.

[113]王其藩.高级系统动力学[M].北京:清华大学出版社,1995:20-25.

[114]胡大伟.基于系统动力学和神经网络模型的区域可持续发展的仿真研

究——以江苏省建湖生态县为例[D]. 南京：南京农业大学，2006：29-30.

[115]谭术魁，张路，齐睿. 基于系统动力学的区域耕地压力指数研究[J]. 自然资源学报，2012，27(5)：757-764.

[116]王罡. 基于系统动力学的土地可持续利用能力评价[D]. 杭州：浙江大学，2006：18-20.

[117]胡玉奎. 系统动力学——战略与策略实验室[M]. 杭州：浙江人民出版社，1998：25-35.

[118]冷秀斌. 基于系统动力学的中国石油进出口海运量的研究[D]. 大连：大连海事大学，2002：9-12.

[119]王琼. 基于系统动力学的陕北坡耕地利用优化研究[D]. 西安：西安建筑科技大学，2009：10-15.

[120]赵玉林，李文超. 基于系统动力学的产业结构演变规律仿真模拟实验研究[J]. 系统科学学报，2008(10)：51-58.

[121]赵娜. 基于系统动力学的土地可持续利用研究[D]. 南京：南京农业大学，2008：9-20.

[122]姜涛，袁建华. 人口-经济-资源-环境系统分析模型体系[J]. 系统工程理论与实践，2002(12)：67-72.

[123]李勇. 武汉市社会、经济、资源、环境协调发展的评价与预测建模研究[D]. 武汉：华中科技大学，2006：24-42.

[124]王强. 土地利用协调发展度评价研究——以江苏省为例[D]. 南京：南京农业大学，2008：7-15.

[125]隋映辉. 协调发展论[M]. 青岛：青岛海洋大学出版社，1990：15-30.

[126]王维国. 协调发展的理论与方法研究[M]. 北京：中国财政经济出版社，2000：25-35.

[127]赵其国，周炳中，杨浩，等. 中国耕地资源安全问题及相关对策思考[J]. 土壤，2002(6)：293-302.

[128]武美先. BP 神经网络及其改进[J]. 太原科技大学学报，2005，3(2)：132-234.

[129]朱大奇，史慈. 人工神经网络原理及应用[M]. 北京：科学出版社，2006：

10-22.

[130]熊军．廉江市耕地后备资源适宜性评价及空间布局研究[D]．长沙：中南林业科技大学，2010：12-19.

[131]周宝同．土地资源可持续利用评价研究——以三峡库区忠县为例[D]．重庆：西南农业大学，2001：6-10.

[132]钱忠好．中国农地保护政策的理性反思[J]．中国土地科学，2003，17(5)：14-18.

[133]钱忠好．中国农地保护：理论与政策分析[J]．管理世界，2003(10)：60-70.

[134]袁秀杰．不同地貌区及不同尺度的耕地质量评价与衔接研究[D]．泰安：山东农业大学，2009：15-18.

[135]何报寅．湖北省土地资源利用现状分析与展望[J]．长江流域资源与环境，2000(3)：120-126.

[136]高强．耕地与基本农田保护研究——以陕西省安康市为例[D]．西安：长安大学，2010：10-17.

[137]万建宏．基于 GIS 耕地地力评价研究——以甘州区为例[D]．兰州：甘肃农业大学，2010：35-40.

[138]谭术魁，崔迪，李雅楠．基于物元可拓模型的湖北省耕地生态安全评价[J]．中国房地产，2015(24)：10-12.

[139]俞芬，千怀遂，陈健飞，等．广东省耕地安全问题探讨[J]．广东农业科学，2008(2)：35-39.

[140]汝海涛．阜阳市颍东区耕地和基本农田保护研究[D]．合肥：合肥工业大学，2009：11-15.

[141]熊军．廉江市耕地后备资源适宜性评价及空间布局研究[D]．长沙：中南林业科技大学，2010：12-18.

[142]杨芳，杨敏．构建江汉平原农田生态安全系统预警的思考[J]．现代农业科学，2008，15(10)：96-99.

[143]沈小峰，胡岗，姜璐．耗散结构论[M]．上海：上海人民出版社，1987：20-30.

[144]黄海洋.河北省耕地资源安全评价与耕地保障机制研究[D].保定：河北农业大学，2007：13-18.

[145]史琪立，张俊淞，付敏，等.基于层次分析法和熵值法的学生评教模型[J].科技信息，2013(13)：1-28.

[146]卢紫毅，范建华.基于层次分析法的战术通信网络效能评估[J].现代电子技术，2011，34(1)：57-60.

[147]许树柏.实用决策方法——层次分析法原理[M].天津：天津大学出版社，1988：30-41.

[148]范国忠，杨作楳.现代统计分析方法[M].北京：中国统计出版社，1992：20-25.

[149]裴鑫德.多元统计分析及其应用[M].北京：北京农业大学出版社，1991：30-45.

[150]张富刚，郝晋珉，李旭霖，等.县域土地利用协调发展度评价——以河北省曲周县为例[J].水土保持通报，2005(2)：63-68.

[151]张晓东，朱德海.中国区域经济与环境协调度预测分析[J].资源科学，2003(2)：1-6.

[152]刘艳清.区域经济可持续发展系统的协调度研究[J].辽宁经济研究，2005(5)：79-83.

[153]陈静，杨凯，张勇，等.灰色协调度模型在产业用水系统分析中的应用[J].长江流域资源与环境，2008，17(5)：688-692.

[154]聂艳，于婧，胡静，等.基于系统协调度的武汉城市土地集约利用评价[J].资源科学，2009(11)：1934-1939.

[155]杨蓉.宁南山区土地利用与生态环境协调发展度评价[J].城市资源与环境，2003(32)：77-78.

[156]张宏元，杨德刚，王野，等.干旱区城市环境与经济协调发展评价与对策研究——以乌鲁木齐市为例[J].干旱区地理，2007，30(1)：135-140.

[157]安旭东，陈浮，彭补拙.长江三角洲土地资源可持续利用系统分析与策略选择[J].资源科学，2001，23(3)：47-54.

[158]刘宗强.哈尔滨市耕地可持续利用评价研究[D].哈尔滨：东北农业大学，

2010：35-37.

[159]王常文．资源稀缺理论与可持续发展[J]．当代经济，2005(4)：52.

[160]王伟．基于生态足迹理论的湖北省可持续发展研究[D]．武汉：华中农业大学，2008：22-29.

[161]罗毅，湖北省耕地生态安全评价及时空演变研究[D]．武汉：华中师范大学，2014：9-15.

[162]高英．湖北省区域耕地地力评价指标体系研究[D]．武汉：华中农业大学，2010：10-19.

[163]张升元．罗田县耕地资源安全评估指标体系[D]．武汉：湖北大学，2013：9-15.

[164]崔明哲．基于 RS 和 GIS 的建三江垦区耕地资源安全评价研究[D]．哈尔滨：东北农业大学，2013：8-9.

[165]潘安娥，杨青．基于主成分分析的武汉市社会经济发展综合评价研究[J]．中国软科学，2005(7)：118-121.

[166]徐雅静，汪远征．主成分分析应用方法的改进[J]．数学的实践与认知，2006，36(6)：68-75.

[167]Yemefack M，Jetten V G，Rossiter D G. Developing a minimum data set for characterizing soil dynamics in shifting cultivation systems[J]. Soil & Tillage Research，2006，86：84-98.

[168]徐光宇，柴国平，徐明德，等．主成分分析法在汾河太原城区段水质评价中的应用[J]．环境工程，2014(6)：122-124.

[169]主成分分析法总结[EB/OL]．[2015-11-11]．http：//www. doc88. com/p-9995322225172. html.

[170]杜强，贾丽艳．SPSS 统计分析[M]．北京：人民邮电出版社，2011：19-35.

[171]文森．重庆市耕地资源安全与预警研究[D]．重庆：西南大学，2008：8-13.

[172]任杰．重庆市耕地资源安全研究[D]．重庆：西南大学，2008：9-11.

[173]王雨濛，吴娟，张安录．湖北省耕地变化与社会经济因素的实证分析[J]．中国人口资源与环境，2010，20(7)：107-111.

[174]王建源．山东省耕地压力现状分析[J]．当代生态农业，2005，14(1)：27-19.

[175]黄青，任志远．论生态承载力与生态安全[J]．干旱区资源与环境，2004，18(2)：11-17.

[176]王月健．县域土地利用变化及生态安全评价研究——以乐山市井研县为例[D]．重庆：西南大学，2006：5-15.

[177]李春华，李宁，史培军，等．基于信息熵的江苏省耕地安全系统演化分析[J]．资源科学，2008，30(1)：43-51.

[178]邓文强．基于 DPSIR 模型的罗田县耕地资源安全评价研究[D]．昆明：云南大学，2015：22-27.

[179]李涛．退耕还林的系统动力学研究[D]．西安：西安建筑科技大学，2005：12-15.

[180]肖仁俊，董志，李秀婷，等．新疆能源可持续发展的系统动力学模型与分析[J]．经济与金融管理，2014，8(26)：31-41.

[181]李馨，石培基．城市土地利用与经济协调发展度评价研究——以天水市为例[J]．干旱区资源与环境，2011，25(3)：33-37.

[182]魏娜．城市土地利用协调发展度评价研究——以长春市为例[D]．吉林：吉林大学，2007：14-22.

[183]何源．区域土地利用系统协调发展度评价研究——以湘乡市为例[D]．长沙：湖南师范大学，2011：12-16.

[184]杨小鹏．陕西省环境与经济协调发展模型评价研究[D]．西安：陕西师范大学，2007：30-32.

[185]袁旭梅．区域"经济-资源-环境"复合系统协调发展分析、建模与评价研究[D]．天津：天津大学，1998：20-28.

[186]肖笃宁，陈文波，郭福良．论生态安全的基本概念和研究内容[J]．应用生态学报，2002，13(3)：354-359.

[187]邓楚雄．武冈市土地资源生态安全评价研究[D]．长沙：湖南师范大学，2006：8-12.

[188]李小燕，任志远，郝慧梅．区域粮食安全与耕地总量动态平衡测算研

究——以陕西省为例[J]. 干旱地区农业研究, 2005, 23(5): 212-216.

[189]邓文强. 基于 DPSIR 模型的罗田县耕地资源安全评价研究[D]. 昆明: 云南大学, 2015: 18-23.

[190]夏天桃, 何天祥. 湖南省耕地变化态势分析与预测[J]. 热带地理, 1999, 19(3): 225-228.

[191]李超, 张祥义, 张海涛. 河北省近 20 年耕地资源安全动态变化及驱动力分析[J]. 中国农业科技导报, 2014, 16(1): 131-138.

[192]傅泽强, 蔡运龙, 杨友孝, 等. 中国粮食安全与耕地资源变化的相关分析[J]. 自然资源报, 2001, 16(4): 313-319.

[193]庄伟, 廖和平, 杨伟, 等. 城郊土地生态安全预警系统设计与关键技术研究——以重庆市长生桥镇为例[J]. 西南大学学报(自然科学版), 2014, 36(6): 117-122.

[194]张杰, 卢李朋, 姜朋辉, 等. 安徽省粮食生产的主成分分析及其趋势预测[J]. 长江流域资源与环境, 2013, 22(3): 314-321.

[195]郭晓晶, 何倩, 张冬梅, 等. 综合运用主客观方法确定科技评价指标权重[J]. 科技管理研究, 2012, 32(20): 64-67.

[196]吴艳飞, 徐羽, 徐刚, 等. 2012 年安徽省耕地资源安全综合评价[J]. 西南师范大学学报(自然科学版), 2016, 41(1): 124-131.

[197]李超, 张祥义, 张海涛, 等. 河北省近 20 年耕地资源安全动态变化及驱动力分析[J]. 中国农业科技导报, 2014(1): 131-138.

[198]张安, 孙福军, 贾树海, 等. GIS 在县域耕地生态环境安全评价中的应用研究——以凌源市为例[J]. 土壤通报, 2013(2): 292-295.

[199]宋戈, 李晓静, 向长玉, 等. 松嫩高原黑土区耕地资源安全及其驱动力分析——以黑龙江省巴彦县为例[J]. 水土保持通报, 2012, 32(4): 213-218.

[200]邓帆, 李仁东, 王海芳. 2000—2007 年湖北省耕地变化的遥感调查与分析[J]. 长江流域资源与环境, 2010, 10(19): 1172-1176.

[201]纪昌品, 欧名豪. 湖北省经济发展与耕地资源变化的关系[J]. 长江流域资源与环境, 2009, 18(8): 694-697.

[202]叶忱. 湖北省人口耕地与经济发展关系的研究[J]. 中国人口资源与环境, 2000, 10（4）: 71-73.

[203]韩千红. 安徽省耕地变化态势分析及保护对策[J]. 安徽农业科学, 2001, 29（1）: 47-48.

[204]陈印军, 黄诗铿. 对中国耕地面积增减数量平衡的思考[J]. 资源科学, 2000, 22（2）: 50-53.

[205]江伟钰. 论依法架构国家生态安全体系[J]. 天中学刊, 2003, 18（3）: 46-48.

[206]刘帅. 怀来县耕地资源预警研究[D]. 保定: 河北农业大学, 2011: 15-19.

[207]王军. 石家庄市耕地动态变化与生态安全评价研究[D]. 石家庄: 河北师范大学, 2009: 6-10.

[208]蔡述明. 江汉平原四湖地区区域开发与农业持续发展[M]. 北京: 科学出版社, 1996: 12-17.

[209]胡劲红. 江汉平原部分县域耕地土壤主要养分属性状况分析[D]. 武汉: 华中农业大学, 2009: 17-23.

[210]王薇. 河北省县域经济竞争力综合评价研究[D]. 石家庄: 河北科技大学, 2009: 30-35.

[211]李秀彬. 中国近 20 年耕地面积的变化及其政策启示[J]. 自然资源学报, 1999, 14（4）: 329-333.

[212]陈园园. 山东省耕地资源安全评价[D]. 曲阜: 曲阜师范大学, 2011: 5-10.

[213]周秋媛. 广西大化瑶族自治县土地资源安全评价[D]. 桂林: 广西师范学院, 2013: 14-18.

[214]连臣. 黑龙江省耕地资源安全预警分析[D]. 哈尔滨: 东北农业大学, 2013: 11-15.

[215]龚直文. 闽江源自然保护区及周边社区生态安全评价研究[D]. 福州: 福建农林大学, 2006: 12-18.

[216]吴大放, 刘艳艳, 刘毅华, 等. 耕地生态安全评价研究展望[J]. 中国生态农业学报, 2015, 23（3）: 257-267.

[217] 张少春, 贾科利. 宁夏土地利用结构信息熵时空变化分析[J]. 宁夏工程技术, 2014, 13(1): 87-92.

[218] 刘小楠, 崔巍. 主成分分析法在汾河水质评价中的应用[J]. 中国给水排水, 2009(18): 105-108.

[219] 王莲芬, 许树柏. 层次分析法引论[M]. 北京: 中国人民大学出版社, 1990: 12-20.

[220] 曹银贵, 周伟, 王静, 等. 基于主成分分析与层次分析的三峡库区耕地集约利用对比[J]. 农业工程学报, 2010, 26(4): 291-296.

[221] 俞萌怡. 安徽省耕地资源现状分析与对策研究[D]. 武汉: 华中师范大学, 2015: 25-26.

[222] 常建峰. 基于粮食安全的江西省耕地资源保护研究[D]. 南昌: 江西财经大学, 2012: 11-17.

[223] 沈延维. 耕地资源变化及保护对策研究——以沂源县为例[D]. 湛江: 广东海洋大学, 2015: 7-14.

[224] 陈锦坪. 基于不同层次的耕地安全评价与保护体系研究——以河北省为例[D]. 保定: 河北农业大学, 2015: 10-11.

[225] Verburg P H, Soepboer W, Veldkamp A, et al. Modeling the spatial dynamics of regional land use: the CLUE-S model [J]. Environmental Management, 2002, 30(3): 391-405.

[226] Cannon M, Kouvaritakis B, Huang G. Modelling and optimization for sustainable development policy assessment[J]. European Journal of Research, 2005(164): 475-490.

[227] Parker D C, Manson S M, Janssen M A, et al. Multi-agent systems for the simulation of land-use and land-cover change: a review [J]. Annals of the Association of American Geographers, 2003, 93(2): 314-337.

[228] Veldkamp A, Verburg P H. Modeling land use change and environmental impact [J]. Journal of Environmental Management, 2004, 72: 1-3.

[229] Verburg P H, Schulp C J E, Witte N, et al. Down scaling of land use change scenarios to assess the dynamics of European landscapes [J]. Agriculture,

Ecosystems & Environment, 2006, 114(1): 39-56.

[230] Miyano H. Identification model based on the maximum information entropy principle[J]. Journal of Mathematical Psychology, 2001(45): 27-42.

[231] Renyi A. On measures of information and entropy[J]. Statistics and Probability, 1961(1): 547.

[232] Yelshin A. On the possibility of using information entropy as a quantitative description of porous media structural characteristics[J]. Journal of Membrane Science, 1996(117): 279-289.

[233] Weber B H, Depew D J, Smith J D, et al. Entropy, information and evolution: new perspectives on physical and biological evolution [M]. Cambridge: MIT Press, 1988: 13-25.

[234] Andrea M, Martin K. Derivation of eco-systemic effect indicators-method [J]. Ecol. Model, 2000 (130): 39-46.

[235] Gustarson K R, Lonergam S. Selection and modeling of sustainable development indicators [J]. Ecol. Econ, 1999(28): 117-132.

[236] Jogo W, Hassan R. Balancing the use of wetlands for economic well-being and ecological security: the case of the Limpopo wetland in Southern Africa[J]. Ecological Economics, 2010, 69(7): 1569-1579.

[237] Studying metabolic patterns of land uses across different levels and scales [J]. Land Use Policy, 2004, 36(2): 155-170.

[238] Robson J S, Ayad H M, Wasfi R A, et al. Spatial disintegration and arable land security in Egypt: a study of small- and moderate-sized urban areas[J]. Habitat International, 2012: 253-260.

[239] Fischer G, Prieler S, van Velthuizen H, et al. Biofuel production potentials in Europe: sustainable use of cultivated land and pastures, part II: land use scenarios[J]. Biomass and Bioenergy, 2010(2): 173-187.

[240] Zhan S, Li Z Z, Li W L. Modified method of ecological footprint calculation and its application[J]. Ecological Modeling, 2005, 185(1): 65-75.

[241] Brown L R. Building a sustainable society[M]. New York: Norton W., 1981:

25-30.

[242]Bergh J, Verbruggen H. Spatial sustainability, trade and indicators: an evaluation of the 'ecological footprint' [J]. Ecological Economics, 1999, 29: 61-72.

[243]Castella J C, Verburg P H. Combination of process-oriented and pattern-oriented models of land-use change in a mountain area of Vietnam [J]. Ecological Modeling, 2007, 202: 410-420.

[244]Brown L R, Halweil B. China's water shortage could shake world food security [J]. Word Watch, 1998, 11(4): 10-21.

[245] Brown L R. Who will feed china? Wake up call for a small planet [M]. Washington DC: Norton and Company, 1995: 12-25.

[246] Brown M T, Ulglati S. Emergy evaluations and environmental loading of electricity production systems [J]. Journal of Cleaner production, 2002, 10 (4): 321-334.

[247]Moffatt I, Hanley N. Modelling sustainable development: systems dynamic and input-output approaches[J]. Environmental Modelling & Software, 2001(16): 545-557.

[248]Costanza R, Arge R, de Groot R, et al. The value of the world's ecosystem services and natural capital[J]. Ecological Economics, 1998, 25: 3-15.

[249]Day R, Chen P. Nonlinear dynamies and evolution [M]. New York: Oxford University Press, 1993: 15-25.

[250]Drene H, Kassas M, Rosanow B. A new assessment of the world's status of desertification[M]. Desertification Control Bulletin, 1992, 20: 6-18.

[251]Verburg P H, Soepboer W, Veldkamp A, et al. Modeling the spatial dynamics of regional land use: the CLUE-S model [J]. Environmental Management, 2002, 30(3): 391-405.

[252]Berkes F, Colding J, Folke C. Rediscovery of traditional ecological knowledge as adaptive management[J]. Ecological Application, 2000, 10(5): 1251-1261.

[253]Liu X W, Chen B M. Efficiency and sustainability analysis of grain production in

Jiangsu and Shaanxi Provinces of China [J]. Journal of Cleaner Production, 2007(15): 313-322.

[254]Dong X B, Ulgiati S, Yan M, et al. Energy and emergy evaluation of bioethanol production from wheat in Henan Province, China [J]. Energy Policy, 2008, 26: 3882-3892.

[255]Yan M C, Odum H T. Ecoeconomic evolution, emegy evaluation and policy options for the sustainable development of Tibet [J]. The Journal of Chinese Geography, 2000, 10(1): 1-27.

[256]Wei X M, Chen B, Qu Y H, et al. Emergy analysis for 'four in one' peach production system in Beijing [J]. Comunications in Nonlinear Science and Numerical Simulation, 2009, 15: 946-958.

后　记

本书是在博士论文基础上修改而成的。博士论文从选题、定题、开题、写作、不断反复地修改直至最后的完善定稿，耗时三年多的时间，这无不凝结着导师的心血和智慧。正是在导师刘圣欢教授多次的精心指点之下，我才能够拓展思路，顺利完成博士论文，在此，谨向导师表示衷心的感谢。

同时，向对本书提出宝贵意见的所有专家、师长表示诚挚的谢意！

感谢我的硕士生导师董利民教授。在整个写作过程中，董利民教授抽出大量的时间对我进行悉心指导，提出了很多宝贵的意见，给予了我极大的帮助，本书能够顺利完成，要多谢董老师的指导和帮助！我唯有在今后的学习生活中刻苦努力，不断进步，不辜负恩师的教导与期盼！

感谢我的大学班主任老师宋成舜教授和我的本科论文指导老师何国松教授。在写作过程中，他们给予了我大量的帮助！

感谢魏伟老师，感谢我的六年同窗好友谌仁俊，还有我的师弟和师妹们，王琰、陶然、吴奇、李小金，感谢他们在我的博士学习、生活中对我的关心和帮助。

感谢平凡而伟大的父母和爱人，他们的理解和支持是我完成学业的基础，还有我那年幼的孩子，总是在我备感压力时，带给我欢笑和希望；正是由于我的家人在背后默默地为我付出，我才能坚持到现在，他们的关心和爱是我坚持的动力！

感谢湖北省社会科学界联合会的支持，本书获批 2020 年湖北省社科基金后期资助项目并获得经费资助！

感谢我的工作单位湖北工程学院，在这里，不仅实现了我教书育人的理想，学校还给我们创造了良好的科研平台，大力支持青年博士的教学与科研；感谢数学与统计学院的领导与老师们，从刚入职到现在，院里的领导和老师们不管是在工作上还是生活中，都给予了我大量的帮助，院里老师们对我的帮助，我将铭记于心。进入湖北工程学院工作，我很开心，我会继续努力，积极工作，奋攀高峰，不辜负学校的栽培。

由于笔者水平有限，书中错漏之处在所难免，恳请广大读者批评指正！

彭　婵

2021 年 12 月于湖北工程学院